JN059339

マイケル・プレストウィッチ【著】
Michael Prestwich

大槻敦子【訳】

中世の騎士の日常生活

訓練、装備、戦術から騎士道文化までの実践非公式マニュアル

KNIGHT
The Medieval Warrior's
(Unofficial) Manual

原　書　房

右：トスカナ地方の町プラトのイタリア人騎士。1340年ごろ。最新のプレートアーマーの上からサーコートを羽織るという戦時中の完全武装姿だ。馬はすばらしい軍馬で、彼の紋章をあしらった布製の馬飾りをつけている。

下：槍、兜、盾を身につけ、妻や嫁と並ぶ騎士ジェフリー・ラトレル。この絵では、紋章のマートレット（ツバメの形）がはっきり示され、家系と血筋が強調されている。馬は騎士にふさわしい馬鎧をまとい、大きな兜飾りをつけている。槍にある三角形の旗もまた、彼が騎士であることを示している。

円卓につくアーサー王。アーサー王と円卓の騎士の伝説はよく知られている——すでに聞いたことがあるだろう——けれども、あまり真に受けてはいけない。

右：ガーター騎士団のローブをまとったイングランド王エドワード3世。わずか26人の騎士からなるこの騎士団の一員になることはたいへんな名誉だった。ガーター騎士団の発足直後、フランスは300人の騎士からなる星章騎士団を設立した。

下：槍、兜、盾を身につけ、妻や嫁と並ぶ騎士ジェフリー・ラトレル。この絵では、紋章のマートレット（ツバメの形）がはっきり示され、家系と血筋が強調されている。馬は騎士にふさわしい馬鎧をまとい、大きな兜飾りをつけている。槍にある三角形の旗もまた、彼が騎士であることを示している。

次ページ：狩猟は騎士階級の娯楽として好まれているが、武器の腕を磨くチャンスにもなる。フォワ伯ガストン3世はハンティングマニュアルを書き上げてブルゴーニュ公に進呈した。右の絵では剣を手にした騎士が猪を狩っている。左の絵もガストン3世のハンティングマニュアルからで、騎士の一団と貴婦人が鷹狩りを楽しんでいるところ。鴨や鷺など、狩りで仕留めた水鳥を集めるのは犬の仕事だ。

Cy devise comment on doit ferir le sangler

Et si le sangler
li vient cour
re sus visai
ge a visaige.
il doit venir
contre luy
non pas cou
rant maiz trotant les renes de
la bride bien courtes. et ne doit
point regarder au sangler ne
a ce quil fera. maiz penser et
aviser par ou il pourra mielx
asseoir son coup. et sil fiert de

lespieu il doit ferir de hault en bas
tant comme il pourra ferir en se
levant sus les estrieux. Et doit
tout veneur chevauchier court
aincops que long. car il en est
plus aysie et moins en grieve
son cheval. car sil monte une
coste il se puet soustenir sus ses
estrieux. et ne grievera mie tant
son cheval. et aussi se puet tour
ner et virer ca et la et baissier.
et sil chevauchoit long il ne le
pourroit faire. aussi di ie quil

上：宮廷の祝宴では手の込んだ余興が披露されることもある。1393年、王妃の侍女の結婚を祝ってフランス王シャルル6世と5人の仲間が蛮族に扮して踊ったときは大惨事になった。ひとりの衣装に松明の火が燃え移り、踊り手のうち少なくとも4人が死亡した。王はベリー公爵夫人のおかげで命拾いをした。彼女が自分のマントを使って衣装の火を消したためである。

上:フロワサール著『年代記』の写本にあるこの模擬戦の一場面では、参加者が町をパレードしている。模擬戦は大規模なイベントで、お祭り騒ぎが数日続くことが多い。お触れ役がイングランド王の紋章の旗を掲げる下を、立派に飾った馬にまたがる騎士たちが列をなして通り、女性たちが見物している。

右:フロワサール著『年代記』より、サン=タングルヴェールの馬上槍試合。1390年、ブシコーを含む3人のフランス人騎士がカレー近郊のサン=タングルヴェールにひと月のあいだ陣を張り、来る者全員に馬上槍試合を挑んだ。およそ100人のイングランド人がそれに応えたが、ほとんどの試合でフランス人騎士たちが勝利した。

左：このスイス人騎士ヤーコプ・フォン・ヴァルトが、どのようにそそのかされて湯船に浸かったのかは見ればわかる。『マネッセ写本』のこの挿絵には、3人の美しい乙女が彼の世話をしている横で、大鍋で追加の湯が沸かされているようすが描かれている。騎士の兜と盾は手近な木の枝にかけてある。

右：ドイツ王ルドルフ・フォン・ハプスブルクの従者ヴァルター・フォン・クリンゲンが馬上槍試合で相手を馬から落とし、勝利を収めたところ。女性たちが上のバルコニーから競技を眺めている。

中世の騎士の日常生活

訓練、装備、戦術から騎士道文化までの実践非公式マニュアル

目次

e la bataille ennuis se comba
ent a ost assamble / grant
ences est souvenment contrai
e plus par faim que par fer

Cy commence la seconde partie
de ce traittie qui traitte des
cautelles qui aviennent en
guerres. Prologue.

En ceste deuxieme p
tie apres ce que a
uons deuise selon
vegece principalement les
manieres que jadis tenoient
les vaillans conquereurs
du monde es fais darmes
en leurs conquestes pour ce
que ceulx se seurent bien gar
der et aidie de plus dune ma

第1章　騎士の世界

軍人というこの仕事に秀でた者はみな敬われ、尊ばれるべきである。

ジョフロワ・ド・シャルニー

『騎士道の書 *The Book of Chivalry*』一三五〇～五一年

輝く甲冑を身にまとい、剣、槍、盾を振りかざしながら、立派な軍馬にまたがる自分の姿を思い描いてみよう。勇敢なことで知られる自分が、宮廷で美しい乙女たちに囲まれているところでもいい。だれもが騎士になりたくて当然だろう。けれども現在、つまり一五世紀初頭において、それは容易いことではない。単に馬と甲冑一式を入手すれば騎士になれるわけではなく、ほかにも学ぶべきことがたくさんあるからだ。確かに騎士道精神の理想を説く本はある。だが、命を落とす可能性がきわめて高い戦場で、必ず生き残って栄光を手に入れようと思っている人間にとって、それらは実践的なアドバイスにはならない。そこでこのマニュアルの出番だ。

一四世紀初め、ヨーロッパは全土で戦乱の時代に突入した。馬上の騎士は戦場の花形である。

前頁　クリスティーヌ・ド・ピザン著『武勲と騎士道の書 *Livre des Faits d'Armes et de Chevalerie*』より。15世紀。

現在の騎士は勇ましい過去からインスピレーションを得ている。この絵は、名高き英雄だった騎士ゴドフロア・ド・ブイヨンの従者が戦場へと馬を進めている場面。ブイヨンは 11 世紀の第 1 回十字軍を率いたひとりである。

ただの兵士ではまったくない。騎士道の権化、美徳の鑑と言っていいだろう。武勇、忠誠、寛容、情けも騎士を導く信条の一部である。

けれども、実際には理想と現実の微妙なバランスをうまく取る必要がある。戦いを挑まれた騎士が、弓と矛で武装した一介の兵に戦場で倒されることはよくある。騎士といえども馬に乗らずに戦うことのほうが多い。そして、騎士道を導く信条は、現実には、策略、騙し打ち、損得勘定、残虐行為の指針にしばしばすり替えられているように見える。

このマニュアルで示されるアドバイスは、騎士や重騎兵の実体験から引き出されている。ロマンティックな騎士道文学に基づいてはいない。アーサー王をはじめとする伝説の英雄の物語は、城塞を包囲しているあいだや戦いと戦いのあいだの静かな時間に楽しむにはいいだろう。ときには騎士らしい行動の手本になるかもしれない。だが、実際の手引きにするにはどう考えても無理がある。

本書は、数えるほどしか戦地に赴かず、ほとんどの時間を自分の領地の管理、地元の政治、司法に費やす騎士のための指南書ではない。戦う騎士のためのマニュアルである。

戦(いくさ)

戦争は複雑である。派手に飾り立てた騎士が戦場に突撃するだけの単純なものごとではない。まず、かなりの準備が必要だ。国家なら最大三万人規模の兵力を支える資金を調達するための税制が整っていなくてはならない。領主や都市が費用のか

1346年、クレシーの戦いでイングランドがフランスに勝利した。

1302年、クールトレの戦いでも、フランドル市民軍が大規模なフランス軍を打ち破った。

かる短期作戦を実行するなら、国際的な投資銀行が実施している高度な貸付制度が不可欠だ。軍には兵に必要な大量の食料と飲料を確保する手立てが要る。攻囲戦なら最新の軍用装備を配備しなければいけない。各国が承認する戦時国際法に相当する協定には、戦争と戦後についての規定がある。そしてそのすべてに、騎士として出世しようと野望を抱く人間にとってのチャンスが転がっている。つかみ取るかどうかは本人次第だ。

どこで戦えるのか？

ヨーロッパには紛争が絶えない。つまり、騎士なら苦労せずに雇い主を見つけられる。国家間の戦争はいたるところで起きているが、フランスとイングランドの争いがもっとも根深く、一三三七年に始まった戦いは一〇〇年ほど続くと思われる。実はこの戦争はかなり微妙な争いだ。フランス側から見れば、敵のイングランド王家はフランス王に謀反を起こしている臣下である。だが、イングランドの視点に立つと、フランス王家の血を引くイングランド王がフランスを自分のものだと考えることはしごく当然なのである。つまり、地方間の対立や内輪もめのようなこの戦争は、見ようによっては国家間の紛争というよりフランスの内戦に近い。紛争は現在、大規模な会戦、とりわけ一三四六年のクレシー、その一〇年後のポワティエ、そして最近では一四一五年のアジャンクールの戦いにおける三度のイングランドの大勝利によって、ひと区切りついた状態だ。

フランスは北海沿岸低地帯の支配をもくろんでもいる。そのため、フランドル市民軍がフランス軍を破った一三〇二年のクールトレ（コルトレイク）の戦いから、フランスが勝利した一三八二年のローゼベーケの戦いまで、低地帯方面でも多くの戦いが生じている。同様に、スコットランド支配を狙うイングランドも多くの作戦を展開している。エドワード一世によるイングランドの勝利は、後継者エドワード二世が率いた一三一四年のバノックバーンの戦いで覆されたが、その次の王の時代には、一三四六年のネヴィルズ・クロスの戦いでイングランド軍がスコットランド王デイヴィッド二世を捕らえた。ほかに、独立を保ちたいスイスも戦っており、その歩兵隊が一三一五年のモルガルテンと一三八六年のゼンパッハの戦いで、オーストリアのハプスブルク王朝の軍隊をしのぐ力を発揮している。

イタリアでは都市間の競合が絶えない。同盟関係が目まぐるしく変わり、頻繁に争いが起きるなかで、ミラノ、フィレンツェ、ヴェネツィアは特に大きな力を持っている。そうした都市にある富と、戦うチャンスを求めて、ドイツをはじめとする各地から兵が集まってきている。さらに南へ視線を向ければ、ローマ教皇が、宗教的な権力を振るうだけでなくイタリア半島における複雑な政治にも干渉している。フランスのアンジュー家の血を引くナポリ王国は、スペイン、アラゴンの王が支配するシチリアと対立している。

イベリア半島でも、近年は特に、カスティリャ王国の継承問題にかかわる一三六〇年代の内乱や、ポルトガル王国を樹立するための一三八〇年代の戦いなど、野心的な騎士が活躍する場が生まれている。

ヨーロッパの反対側の端にあるバルト地方では、しばらく前から何年もかけてドイツが東方へと拡大し、リトアニアがそれに激しく抵抗している。したがって、ドイツ騎士団の指揮下でその地方の戦闘に参加するチャンスはいくらでもある。ドイツ騎士団の戦いは宗教的な軍事遠征だ。地中海沿岸地域にもそうした十字軍遠征の機会はあるが、成功は難しい。

個人の経歴

軍人としての騎士の可能性については、本書に登場する三人の重要人物の経歴を概説するのが最適だろう。

ジョフロワ・ド・シャルニー

ド・シャルニーは彼の世代でもっとも名高いフランスの騎士で、騎士道の基本となる『騎士道の書』を著している。彼が軍に入隊したのは一三三七年、英仏戦争が始まった年だった。彼は一三四二年にモルレーでイングランド軍の捕虜となり、まもなく身代金と引き替えに解放された。一三四三年に騎士の称号を授かった彼は一三四五年に十字軍として出征したが、成果は上げられなかった。一三四六年のクレシーでは戦わなかったが、その後、戦争で重要な役割を果たす機会が増える。一三四九年、彼は賄賂を使ってカレーを取り戻そうとして失敗。再びイングランド軍に捕らえられて、身代金で釈放された。ド・シャルニーは星章騎士団の最初のメンバーのひとりで、かの有名なフランスの軍旗オリフラムの旗手に選ばれている。一三五六年、彼はその旗を手に、ポワティエの戦いで勇敢に戦いながらこの世を去った。『騎士道の書』はフランス騎士道の改革をめざすもので、騎士が追い求めるべき理想が描かれている。

ジョン・ホークウッド

イングランド、エセックス出身のホークウッドの軍歴はフランス戦から始まったが、一三六〇年に短期間ながら平和条約が結ばれたために、軍人を続けるにあたって別の場所へ目を向けなければならなくなった。彼はまず、白衣団として知られるイタリアの傭兵団で名声といくばくかの富を得た。それからピサ、ミラノ、パドヴァ、ローマ教皇、フィレンツェに仕え、なかでもフィレンツェで絶賛を受けた。彼がフィレンツェに初めて雇われたのは一三七七年だが、それからいくつかの中断時期をはさんで、一三九四年に死を迎えるまでその都市のために戦った。ホークウッドはきわめて有能な軍人で、戦争の複雑な状況を完璧に理解していた。戦術、戦略に長け、人を動かすことのできるリーダーだった彼は、敗北にしか見えない状況を勝利に転じることができ、都市が競い合っているイタリアの複雑な世界で成功を収められるだけの外交術も心得ていた。ホークウッドは常々イングランドに戻りたいと思っていたようだが、フィレンツェ共和国に仕える傭兵（コンドッティエーレ）の名士としてイタリアで最期を迎えた。

ブシコー

ジャン二世・ル・マングルは、父親と同じく、漁網の隠語であるブシコーというあだ名で呼ばれている。理由はよくわからない。一三六六年生まれの彼の軍歴はかなり若いころに始まった。一三八二年にローゼベーケの戦いでフランドル軍を破ったフランス軍の一員として戦ったのち、スペイン、バルト地方、地中海東部沿岸地域の戦地に赴き、一三九一年には、その若さにもかかわらず、ふたりしかいないフランス軍元帥のひとりに任命されている。一三九六年、彼はバルカン半島のオスマン帝国軍と戦う十字軍の遠征に出たが、その年、ニコポリスで捕虜にされ、解放後はビザンツ（東ローマ）帝国の皇帝のもとで戦った。一四〇一年にはジェノヴァ総督になったが、有能な軍人であっても政治家ではなかったために、一四〇九年にその地位を追放された。ブシコーは一四一五年にアジャンクールの戦いで捕らえられ、現在はイングランドで捕虜になっている。一四〇九年に書かれた伝記では、あまりうまくいかなかったジェノヴァの統治について弁明している。伝記自体は騎士の経歴を重ねた典型的なものだが、そこからは独善的な堅物だったこの英雄の姿が見えてくる。

課題

騎士として成功するためには多くを学ばなければならない。ジョフロワ・ド・シャルニーは『騎士道の書』で、騎士たるものは大胆不敵、かつ武勲や危険に己のすべてを捧げるつもりでなくてはならないと説いている。騎士は困難な試練やたくさんの苦痛に直面し、恐怖に苛まれ、負けることも捕らわれることもある。フランスの詩人クリスティーヌ・ド・ピザンも同じようなイメージを描いている。彼女が言うには、騎士は賢く、善良で、慈悲深く、礼儀正しく、寛容で寛大、穏やかでなければならない。また、名誉のためなら遠方まで出征し、意欲的に武勲を立て、それを誇りにする。ただし、これらは理想の姿である。実際に成功を収めるためには、ほかにも実用的な要素と若干の狡猾さが必要だ。

いくつかのスキルは必要不可欠である。そもそも馬に乗り、槍を使いこなし、剣と盾で戦う方法を知らなければ、たいした騎士にはなれない。それから馬上槍試合や会戦に必要なさまざまなテクニックをマスターする必要がある。暑い地中海の太陽の下や、暗くて凍えるような冬のバルト海での厳しい戦いに赴くには、なにより健康でなければならない。だが、それだけではまったくない。あいまいで矛盾だらけの騎士道文化を理解する必要もある。そこには刺激に満ちた模擬戦(トーナメント)もあれば、愛の歌、騎士物語、ディナーやダンスといった宮廷文化もある。騎士は残虐な戦闘、土地の略奪、一般市民の虐殺を行う一方で、ダンスフロアーでも戦場と同じくらい寛いでいなければならない。さらに、捕虜の身代金をはじめとする取引分野についての知識も求められる。

恐ろしいほどたくさんのものごとを学ばなければならないように感じるだろうか。そのとおりだ。だが、このすばらしい手引きがあれば、必ず立派な騎士になれる。アドバイスに沿って進めば、成功は間違いない。

注

本マニュアルをできるかぎり最新の状態にするために最大限の努力を払った。ここに示される見解にはすべて、一三〇〇~一四一五年の知識や考え方が反映されている。

第2章　教育と訓練

騎士にふさわしいものごとを習得し、戦で有用かつ手柄につながる技を磨け。

ハンコ・デブリンガー

『武術教本 *Fechtbuch*』一三八九年

騎士は多くの才能を示さなければならない。武器を扱う能力はきわめて重要だ。また、状況にふさわしい立ち居振る舞いや、上流社会に溶け込む方法も知っておかなければならない。

遊び

子どもの遊びは戦い方を学ぶ第一歩である。

✣ シロメ製のおもちゃの騎士は、遊びにうってつけである。

✣ エドワード一世は息子たちにおもちゃの城とミニチュアの攻城兵器を与えて遊ばせ

た。

‡　リチャード二世は子どものころミニチュアの大砲を持っていた。

ブシコーが子どものころ、友だちと遊ぶときには帽子を兜に、木の棒を剣に見立て、攻囲戦をまねたり会戦ごっこをしたりしていた。ブシコーは善良な子どもだった。のちにイングランドとの戦いでフランスの威信を取り戻し、大きな功績を残したベルトラン・デュ・ゲクランは、そうではなかった。ブルターニュで育った彼は、地元の少年たちを自分の仲間に引き入れ、模擬戦のまねごとをして、父親に止められた。その後、若きベルトランは地元の村に出かけては喧嘩を売るようになった。父親は息子を家に閉じ込めることしかしなかった。言うことを聞かない息子が騎士にとって大切なスキルを身につけつつあると見抜けなかったのだ。

貴族の家庭

教養を身につけさせるため、小姓として、貴族の家庭に子どもを預けて育ててもらうこともある。二五歳で未亡人になったクリスティーヌ・ド・ピザンは、長男をイングランドのソールズベリー伯に託した。一三九七年に伯爵が死去すると、彼女はオルレアン公に宛てて、息子を推薦する詩的な手紙を書いた。「勇ましくてお優しい公爵様、どうかお願いいたします。この子はきっとあなたのお役に立ちましょう」

貴族の家庭には、少年たちの教育を受け持つ係がいて、武具の手入れやそれらを使いこなすためのあらゆるスキルを教えている。騎士や騎士見習いから話を聞き、彼らの行動を観察することからも多くを学べる。ジョフロワ・ド・シャルニーはこう述べている。

少年たちは嬉しそうに、武勇に秀でた男たちが戦について語る話に耳を傾け、武器と甲冑を身につけた重騎兵の姿に目をやり、立派な乗用馬や軍馬を見つめた。

騎士が武器の扱いに長けているのは当然だが、給仕の方法といった宮廷での正しいマナーも学ばなければならない。身につけるべき貴族の文化はほかにもある。紋章学の全容

フランスの詩人・作家のクリスティーヌ・ド・ピザンと息子。彼女は、武器やマナーについて学ばせようと、息子をイングランドへ行かせた。

は紋章官に任せておくとしても、紋章を見分けて特徴を説明する方法を学び、できるかぎりたくさんの家紋を覚えることが重要だ。なぜならそれが、戦いのさなかで敵と味方を見分ける絶対的な手段だからである。アーサー王と彼の騎士たちのような過去の英雄の話には心躍ることだろう。しかしながら、ブシコーなら、そのような雑学ではなく、ギリシアとローマの歴史や聖人の生涯についての本格的な本だけを読めと言うに違いない。

身体訓練

すぐれた騎士には体力、スタミナ、観察力、バランス能力が要る。それらを鍛えるには厳しい訓練が必要だ。ブシコーが最高の手本を示している。彼は若いとき、騎士には運動能力が必要不可欠だと気づき、次のような練習を繰り返した。

- 持久力をつけるための長距離離走。
- 地面から馬の鞍へのジャンプ。
- 腕を強化するためのウェイトリフティング。

ほかにもいろいろな離れ業をやってのけたが、特に、彼は次のことができた。

‡ 鎧をすべて身につけて宙返りをする（兜はかぶらない）。
‡ 鋼鉄の胸当てをまとい、足を使わずに、両手を交互に動かして梯子（はしご）を裏側から上る。
‡ 鎧がなければ、彼は片手だけで同じことができた（真偽のほどは定かではない）。

ブシコーは常に槍をはじめとする武器の鍛錬をしていた。彼は背は高くなかったが、飛び抜けて筋肉質だった。彼が秀でていたのは軍事訓練においてだけではない。戦場を離れたときには、最高にテニスが上手だった。

槍と剣の訓練

槍（ランス）は扱いの難しい武器である。先端がぶれないように構えて正確に的を狙うには相当な技術が必要だ。子どもの場合は、馬上で練習する前にまず、友だちが引っ張る小さな手押し車に乗って始めることもある。的にはさまざまなものが使われるが、槍的が最適である。これは、ちょうど案山子のように、垂直な棒に回転する横木がついたもので、横棒の先に取りつけた盾を的にする。横木のもう一方の先に砂袋を吊るしてバランスを保っているため、当たりが悪かったり勢いが足りなかったりすると、棒が回転したときに砂袋に打ち付けられる。数えきれないほどの練習が必要だ。

剣にも訓練が要る。片手剣と両手剣の両方に慣れておかなければならない。剣は、

- 「斬る」と「突く」の二種類の攻撃を繰り出すことができる。
- 敵の攻撃を払い除けて、防御にも利用できる。

馬上で剣を使う練習は重要だ。ニコポリスの戦いで、ブシコーが馬でオスマン帝国軍の隊列を突破できたのは、剣で右へ左へと斬り込んだからである。近接戦では剣の柄（つか）や柄頭（つかがしら）も攻撃に利用できると覚えておこう。

下馬して剣で戦うなら、「斬る」、「突く」のさまざまな型を用いた四通りの基本防御方法とその応用を学ぶといい。剣術について細かく記されたドイツ語の本がいくつかある。そのひとつ、『武術教本』にはこうある。

> 常に、低いところではなく高いところに隙を探し、相手の柄の上側から、すばやく巧みに打つ、または突くこと。剣術では、柄の下より上を狙うほうが攻撃が届きやすく、自分は傷を負いにくい。

剣術は万人向けの武術ではない。エリート兵だけの技術である。ロジャー・ル・スキルミサーは一四世紀初めのロンドンで剣術学校を開いていたが、「ほうぼうの良家の子息たちをそそのかし、不品行な稽古に父母の財産を費やさせて無駄にした挙句、結果として子どもたちを不品行にしてしまった」として断罪された。軍隊の技能を町の人々に教えるべきではなかった。

乗馬

馬の扱いを覚えることは大事である。馬には長い鐙(あぶみ)をつけ、背筋を伸ばしてまたがる。もたすることなく、あたかも馬と自分が一体であるかのように、常に馬を操れなければならない。馬を制御するための轡(くつわ)と拍車は適切に使用し、乱暴に扱ってはならない。スペイン人騎士ペロ・ニーニョを目標にするといいだろう。彼は「馬のすべてを知っており、馬を手に入れては世話をして大切にした。彼の時代、カスティリャには乗馬の得意な人はいなかった。彼は馬に乗るだけでなく、戦場、パレード、馬上槍試合などに合わせて、思いどおりに馬を調教した」

この 14 世紀のバスレリーフのイタリア人騎士はバイザーを上げている。足をまっすぐに伸ばして馬に乗っているところに注目しよう。左手だけで手綱を握り、右手は剣を振るうために離している。

と言われている。

狩猟

狩猟は上流階級の主要な娯楽であると同時に、すぐれた戦闘訓練にもなる。ジョフロワ・ド・シャルニーは「鷹（たか）や猟犬を用いる娯楽としての狩猟はどのような階級の人にも適している」と記している。狩猟を通して、次のことを学べる。

- ✣ 馬の扱い。
- ✣ 雄鹿を解体し、取り決めに従って適切に分ける方法。
- ✣ 投げ槍で猪や鹿を仕留める方法。人間を仕留めるときにその経験が役立つ。
- ✣ 弓とクロスボウの使い方。騎士が戦闘で使う可能性は低いが、扱いに慣れておけば重宝する。

狩猟をしなければ、騎士仲間の尊敬を勝ち取ることは難しい。イングランドのエドワード二世は不幸にも狩猟のセ

ンスがなく、生まれの低い者たちに混ざって生け垣の手入れや溝掘りをするなど、熟練の必要がない仕事を好んだ。そのような人間が戦で手柄を立てられるはずはなく、彼が玉座、果ては命を失ってしまったことは驚くにあたらない。

読み書き

一時期学校へ通ったブシコーのように通学させてもらえることはほとんどないが、それでも騎士は読み書きを覚えなければならない。戦争は、自信たっぷりに戦場へ乗り込めばすむものではない。今は官僚主義の時代である。点呼名簿を保管し、令状に目を通してそれに従い、合意や契約を結ぶ必要がある。むろん、実際に行うのは書記官だが、常に確認しておくことが肝要だ。騎士に読み書きが必須であることは意外に感じるかもしれないが、イングランドの騎士トーマス・グレイは歴史書『スカラクロニカ *Scala-cronica*』を、ランカスター公ヘンリーは敬虔なる専門書『聖医学書 *The Book of Holy Medicine*』を書いている。遠征先

王がもっとも価値ある獲物、雄鹿を倒すようすが描かれた狩猟の一場面。狩猟は騎士の腕を磨くにはうってつけだが、戦では馬上で矢を射る必要はない。

で本を読み聞かせて仲間を元気づけることもできるだろう。ロバート・ブルースとも呼ばれるスコットランド王ロバート一世がフィエラブラの物語を読んでそうしたと言われている。身長が四メートル五〇センチほどもあるこの巨人はスペイン王の息子だったが「勇猛果敢なオリヴィエ〔シャルルマーニュに仕える十二勇士のひとり〕に見事に打ち倒された」

騎士ならだれでも読むべき本をここに挙げよう。

✢ ローマのウェゲティウスによる兵法の定番書『軍事論 *De Re Militari*』。フランス語への翻訳はもしかするとクリスティーヌ・ド・ピザンの手によるかもしれない。しかしながら、ウェゲティウスが勧めているほどの訓練を積む必要はない。ウェゲティウスはなにより若者は水泳を学ぶべきだと提案しているが、騎士はそこまでしなくていいだろう。

✢ ジョフロワ・ド・シャルニーの『騎士道の書』。

✢ カタルーニャの博識家ラモン・リュイの『騎士団の書 *Book of the Order of Chivalry*』。ド・シャルニーの書と同じような分野を扱っており、騎士が持つべき美徳について記されている。

幼少時代と遊び

貴族の子どもには乳母がいるのが一般的で、通常は三歳までに乳離れしていた。

最近の子どもは昔とは違う。一三四八年の疫病後、子どもの歯は以前のような三二本ではなく、二〇ないしは二二本しかないと言われている。

若いころエドワード一世の王室に預けられていたサリー伯ジョン・ド・ワーレンには、一七人の世話係がいた。

ヘンリー五世はわずか九歳で、すでに剣を持っていた。

ブシコーは、別の子どもが彼にたたかれたと告げたために学校でむちで打たれたが、泣かなかった。

ジョフロワ・ド・シャルニーによれば、球技は男性ではなく女性が楽しむものである。狩猟では、倒した鹿の左肩は必ず最優秀ハンターに与えられ、右肩は森の番人に与えられる。

軍事遠征

訓練の最終段階は軍事遠征を経験することである。次の例が示すように、子どもでも早いうちから戦場へ連れて行かれることがある。

- イングランド王エドワード三世がスコットランド軍を敵に一三二七年のウェアデールの戦いで馬に乗って軍隊を率いたとき、彼はまだ一四歳だった。
- そのエドワードの四男ジョン・オブ・ゴーントは、わずか一〇歳でまだ武器が持てなかったにもかかわらず、一三五〇年のレ・ゼスパニョール・シュール・メールの海戦に、兄のエドワード黒太子とともに参加していた。
- 一三七八年、ノルマンディーの戦いに赴いたとき、ブシコーは一二歳だった。その年齢はずば抜けて若く、案の定、帰還したときにからかわれた。「おや、なかなかの兵隊さんぶりだね、坊ちゃん。さっさと学校へ戻りなよ」

若者が初めて出征して武器を手にするのは一〇代後半が一般的である。

若き騎士見習い（スクワイヤ）

武器の扱いを習得しても、たいていはすぐに騎士になれるわけではない。まずは、詩人ジェフリー・チョーサーの『カンタベリー物語』に登場するような騎士見習いになる。チョーサーが描く騎士見習いは騎士の息子で二〇歳くらい、フランスへの出征経験があった。おしゃれな服を着て、馬を乗りこなし、馬上槍試合もできた。宮廷作法も心得ており、歌い、踊り、絵を描き、文を書くのもお手のものだ。それはまさに、まもなく騎士の称号を受けるであろう恋する若者の姿である。

ジェフリー・チョーサー著『カンタベリー物語』の写本にあるおしゃれな格好の騎士見習い。彼は遠い場所のロマンティックな話を語るが、結末にはたどりつかなかった。

戦における騎士見習いの装備は騎士とほぼ同じだが、高価な鎧や立派な馬は手に入れられない。騎士になる前の見習い期間は長い年月におよぶこともある。フィリップ・チェットウィンドは一三一六年に成人して、一三三一九年に騎士になろうと思い立ち、イングランドのバセット・オブ・ドレイトン卿ラルフのもとへ弟子入りしたが、実際に騎士になったのは一三三九年だった。騎士になるという最終段階へ進まない見習いの数は実は増えてきている。

得られるもの

訓練は厳しいが不可欠である。やがて騎士になったときに、体得した武器の技能をテストされることはない。適切な能力をすべて身につけていてあたりまえだからだ。また、戦場で実地訓練を受けられると考えてはいけない。上官からは、すでに能力があり、それを駆使できるとみなされる。きちんと備えていれば次のような状態になっているはずだ。

‡ 体力がある。
‡ 馬を扱える。
‡ 槍と剣をうまく使える。
‡ 宮廷作法が身についている。

これで、最高の能力を備えた軍のエリートの一員になる準備ができた。いよいよ名高い戦士、真の勇者になるという望みを持てる。年代記作家のフロワサールはこう述べている。

火がなければ木が燃えないのと同じように、武勇がなければ、気高き兵士であれど、すばらしい名声も世に名を轟かせるほどの栄誉も得られはしない。

第3章　騎士になる

騎士道は思いもおよばぬほど崇高なるものである。いかなる騎士も臆病や下劣な行動でみずからを貶めてはならない。ひとたび兜をかぶったなら、獲物を見つけたライオンのごとく大胆かつ残忍でなければならない。

ポルトガル王ジョアン
アルジュバロータの戦いの前夜、騎士の叙任の儀にて
一三八五年

騎士に叙されることは大きな一歩である。儀式そのものも重要な通過儀礼であり、真剣に受け止めなければならない。その儀をもって、騎士は、新たな責務を負い、騎士道精神に従うことを受け入れる。

だれが騎士になれるのか

騎士は代々受け継がれることが多い。父親が騎士なら、息子も騎士になる。フランスでは高

貴な生まれでなければ騎士になることはきわめて難しい。実際、盾と槍を手に馬上で戦う者はみなそれなりの家系の出身である。血筋がよければそれだけで素養と美徳が備わっていることになるからだ。また、肉体労働をしなくても暮らせるだけの地位が必要でもある。建前上は貴族に叙すると記された王の特別な書（レトル・ダンノブリスマン）があれば爵位を得ることは可能だが、発行されることはまずない。それでも、ややあいまいな素性から高みに上る特殊な例もないことはない。なぜなら、戦場で殊勲を立てればそれだけで貴族になれるからである。

- ✝ ベルトラン・デュ・ゲクランはブルターニュの身分の低い貴族の出身だったが、軍事に秀でていたためにフランス軍総司令官になった。それどころかスペインでは公爵の称号とグラナダ王国を与えられている。
- ✝ ブシコーの父親はトゥーレーヌの名もない家の出だったが、外交と戦争で手腕を発揮して宮廷で出世し、一三五六年にフランスの元帥に任命された。

スペインの状況もフランスに似ている。カスティリャの騎士ペロ・ニーニョにとって、血筋はなによりも大切だった。彼は父方がフランス王朝の子孫で、母方はカスティリャの有力貴族の子孫だと述べている。

イングランドでは、理論上はもっと単純で、年間四〇ポンド以上の価値がある土地を所有している者はみな騎士になるとされている。騎士になるか、そうでなければ罰金を払うよう定期的に命令が出されているほどだ。したがって、身分が低い、あるいは怪しげな出自を持つ者が騎士の地位に上がるのはフランスより簡単である。ただし、騎士を生業としながら、弟子を選んで育てるようなことはない。卑しい生まれでありながら名を上げた兵たちの例を挙げよう。

- だれが見ても英雄でしかないジェイムズ・オードリーは非嫡出子だった。
- ロバート・ノールズはチェシャーの自作農の生まれから騎士になったようだ。
- ジョン・ホークウッドはエセックス出身で、父親は小さな土地を所有するなめし革業者だった。聞くところによると、少年時代のジョンはロンドンの仕立て屋に奉公に出ていたらしいが、こちらはおそらく悪意のあるうわさだろう。
- 一三八二年の反乱で農民に殺されたロバート・サールは、皮肉なことに、自身も自由のない農奴の生まれだったと言われている。

ドイツには、遠い昔に非自由民だった騎士の家系がある。家士（ミニステリアーレ）と呼ばれた彼らは王家や貴族に仕える役人だったが、隷属状態にもかかわらず一一〜一二世紀に社会的地位を大きく向上させた。そして一四世紀までにはそうした由来が忘れ去られ、騎士はみな貴族で、その地位は世襲とみなされるようになった。それでいて、ドイツでは間違いなく成り上がりは冷ややかな目で見られる。盗賊騎士になった農民の少年ヘルムブレヒトにまつわる一三世紀の詩からそれがわかる。ヘルムブレヒトは、自分の妹（または姉）を仲間のひとりと結婚させる披露宴のさなかに奇襲されて捕らえられた。手下たちは絞殺された。本人は手足を切断され、やがて自分が抑圧した農民たちの手で首吊りにされた。

イタリアはやや異なる。都市が支配しているからだ。そのため、騎士が地方の領地にいることが多いほかのヨーロッパ諸国とは対照的に、イタリアでは騎士の多くが都市部に居住している。一二～一三世紀、場所によってはかなり無責任に、貴族出身ではない者に騎士の身分が与えられ、商人の富が騎士や貴族の地位にすり替わった。現在はその地位が用心深く守られているが、本来、騎士の地位は貴族の血統と騎士道精神に則った暮らしをしている人たちだけのものである。フィレンツェの詩人フランコ・サッケッティは商人が騎士になるという発想について、いやみたっぷりにこう述べている。「この種の騎士をまっとうと呼んでしまうと、じきに雄牛やロバなどの獣までが騎士の称号を授かりかねない」

少数のエリート

騎士は金のかかる職業である。そのため過去に騎士の身分を得た多くの家系が、もはや騎士の費用を賄えなくなっている。イングランドでは、一三世紀の初めにおそらく四〇〇〇人以上いた騎士の数が、次の一〇〇年で半数以下に減少した。イングランドでもフランスでも、騎士は騎兵のなかのエリートにほかならない。

✣ フランスでは一四世紀半ばまでに、活動中の騎士が三七〇〇人を下回ったと思われる。騎兵のうち騎士は一二パーセントに満たず、八七パーセント以上が騎士見習いか普通の重騎兵だ。

✣ イングランドのほうが騎士の割合はむしろ高かった。一三五九年に黒太子が率いたフランス戦役では、騎兵のほぼ四分の一が騎士の身分だった。その後は減少し、アジャンクールの戦いのころまでに、騎士の割合は騎兵全体のわずか八パーセントにまで下がっている。

以前と比べて正式な扱いになった騎士見習いの地位だけで満足する人が増えている。たとえば、騎士見習いは紋章を身につけることができるようになった。ジョン・ド・キングストンがフランス人騎士から挑戦を受けたときに、リチャード二世がそれを許可した。

貴族の屋敷に彼を迎え入れ、騎士見習いの地位を与えた。今後は身につけている紋章でどこの者だかわかるだろう。紋章は、銀白地に青を入れた帽子、そして赤いダチョウの羽根である。

騎士見習いの格が上がってきたとはいえ、騎士こそが社会そして戦における真のエリートであることに変わりはない。やはり、めざすべきは騎士である。

見た目

見た目はいかにも騎士らしいほうがおそらくいいだろう。ブシコーは背が低かったがハンサムで、伝記作家の言葉を借りれば見事な体格の持ち主だった。胸は広く、形のよいなで肩、手足は理想的な形で、髪とあごひげは同じ茶色。その眼差しは賢く、自信に満ちていた。しかしながら、自分がそのような見た目ではないからといって過度に心配する必要はない。ベルトラン・デュ・ゲクランは理想の騎士とはとてもいいがたい風貌だった。小柄で色黒で醜かったが、それでも偉業を成し遂げている。

あまりに太っていたり身体的な障碍があったりすると騎士になれない、と理論家ラモン・リュイは述べている。なりたくない場合には体の異常を口実にできる。一三四六年、ジョン・ド・ベラ・アクアは右足に奇形があるという理由で、騎士になれという国王エドワード三世の命令に背いても許された。

ベルトラン・デュ・ゲクラン

ブルターニュの下級貴族の出身であるデュ・ゲクランは一三五四年に騎士に叙された。彼は一三五六～五七年のレンヌ防衛戦で功名を立てたが、一三六四年のオーレーの戦いでは敗北を喫している。その後スペインで戦い、一三六七年にはナヘラの戦いで敗れた。対イングランド軍の戦術を考案したデュ・ゲクランは、イングランドとフランスのあいだで敵対関係が再燃した一三六九年以降に大きな成功を収め、フランス王のために多くの領土を奪還した。彼は一三七〇年にフランス軍総司令官に任命され、一三八〇年に死去した。

騎士の儀式

騎士になりたければ、しばらくのあいだは騎士見習いとして有益な経験を積むことになる。騎士になる年齢は決まっていない。必要なのは本人のやる気と、費用を賄えるかどうかだけだ。

この14世紀初頭の写本にあるように、騎士の礼帯を授かることは叙任の儀の重要な一部である。実際、礼帯は騎士の象徴としては剣よりも大切だ。

運に恵まれれば、費用の一部を君主が負担してくれることもある。騎士になるということは、なによりもまず、騎士道精神に則って責務を受け入れるということだ。教会、君主、あるいは家系の戦いのために、大義を守って武器を取るのである。ジョフロワ・ド・シャルニーは次のように説明している。

そしてこの世の栄光ではなく、神の恵みを受けるため、魂の救済のために武勲を立てるなら、その者の魂は永遠に天国に置かれるだろう。

ド・シャルニーは彼の書で伝統的な騎士の叙任の儀を詳しく描写している。それはすべての罪を告白し、悔い改めることから始まる。

一　叙任の儀の前日は沐浴し、しばらくのあいだ湯船につかる。日頃は風呂に入ることなどあまりないだろうから気が進まないかもしれないが、必ず実行すること。結果的に体がきれいになるとはいえ、本来の目的はそれではない。沐浴は、罪を清め、これまでの人生の不浄を洗い流すという象徴的行為である。

二　湯から上がればもう以前の自分ではない。清潔なシーツがかけられた新しいベッドで休む。あたかも罪や悪魔との激しい戦いを終えたかのように。

三　目が覚めたら、騎士の手を借りて儀式の装いを整える。赤いチュニックは、信仰を守るために血を流す覚悟ができていることを示し、黒い靴下は命は永遠ではないことの警告だ。白い礼帯は清浄と純潔の象徴、赤いマントは謙虚な姿勢を表している。着替えが済んだら、教会へ赴き、徹夜で祈りを捧げる。

四　翌日の儀式はミサから始まる。ミサが終わると、

✣　騎士の手で長靴(ブーツ)に金の拍車が取りつけられる。

✣　騎士の象徴として重要な礼帯を授かる。

✣　騎士の栄誉を授ける人物から剣を渡され、キスを受け、軽く肩を打たれる。

儀式には厳粛な作法や象徴がたくさん含まれているが、そこまで宗教要素が絡んでいるにもかかわらず、騎士の叙任は王の戴冠式とは異なり、教会が執り行うものではない。騎士階級は世俗的な地位であるため、名高い騎士によって授けられるのが一般的だ。

叙任の儀は大きな規模で行われることもある。一三〇六年のイングランドでは、国王の子息でのちのエドワード二世になる王太子とともに、およそ三〇〇人が叙任された。新たな騎士たちは全員がマットレスとキルト、そしてマントを作る生地を支給された。当時の受領書から詳細がわかる。

わたくし、ウィリアム・ベラーは、王室衣装官トーマス・オブ・アスフリートから、国王陛下の命によりヘンリー・ル・ヴァヴァサーを騎士に叙するために用いる以下のものを受領した。コインテシア〔マント〕用としてタルススの生地六エル、八列のリスの毛皮一ペナ。寝ずの礼拝のためのケープ用として茶系の生地四エル。ローブ二着分として緑色の生地一〇と二分の一エルと淡青色の生地一〇と二分の一エル、それぞれ六列の「ポップル」の毛皮二枚とリスの毛皮二枚、四列のテンの毛皮二フード。ベッドのキルト用として、メセノーに金が入った生地二丈、梳毛（そもう）織物一点二四エル、マット用に一〇エル。

騎士になる三〇〇人のうちの一部はウェストミンスター寺院で徹夜の祈りを捧げたが、本来の形である厳粛な雰囲気はそこにはなかった。大教会は陽気な群衆に囲まれ、わめき声やラッパの音でとてつもなく騒がしかった。テンプル教会などの別の場所へ移動した騎士志願者もいたが、いざ着いてみるとそこも人でごった返していた。寺院で行われた儀式そのものもひどい有様だった。巨大な祭壇付近でふたりの騎士が押しつぶされて圧死し、叙任されるために前へ進もうとした別の騎士たちが殺到した群衆にもまれて失神した。そうした痛ましいできごとがあったにもかかわらず、儀式を祝う宴は開かれた。もっとも注目を浴びたのは金色の二羽の白鳥像で、新米騎士たちはその上に乗ってさまざまな誓いを立てた。一〇〇人ほどの吟遊詩人がみなを楽しませた。

戦の前の叙任の儀

騎士を叙任する仰々しい儀式に気が乗らなくても心配は要らない。もっと簡単に栄誉を授かる方法がある。戦いの前夜に指揮官が叙任する習わしがあるのだ。こちらはきわめてシンプルな儀式で、宣誓と肩打ちの儀式以外にはなにもしない。

‡　エドワード三世は、イングランド軍が一三四六年にノルマンディーに上陸する直前、黒太子ほか多数の騎士を叙任した。

✢

一三六七年のスペインでは、いよいよ戦争が避けられなくなるとイングランド軍の多くの兵が騎士に叙された。騎士ジョン・チャンドスの軍使(ヘラルド)が次のように説明している。「王太子殿下は最初にペドロ王、それからトーマス・ホランド、コートニー家のヒュー、フィリップ、ピーター、さらにジョン・トリヴェット、ニコラス・ボンドを騎士に叙した。公爵はラルフ・カモイス、ウォルター・アースウィック、トーマス・ドヴィルメトリ、ジョン・グレンドンほか、合計で一二人ほどを叙任した」

✢

若きブシコーは、一三八二年のローゼベーケの戦いの直前にブルボン公によって騎士に叙されている。

一三八五年、アルジュバロータの戦いの前に、ポルトガルの王が、騎士になりたい者は名乗り出よと呼びかけた。六〇人ほどが名乗り出たが、どういうわけか軍内のイングランド兵はだれも国王の招きに応じなかった。もしかすると外国人に叙任されるのがいやだったのかもしれない。

こうした戦う直前の叙任は必ずしもうまくいくとはかぎらない。一三三九年にビュイランフォッスでイングランドとフランスの軍隊がにらみ合っていたときに、不名誉な事態が起きている。このときはどちらの軍も自分たちに勝算がないと考えたため、交戦にはいたらなかった。けれども戦う準備は整っていたため、兵たちはいつ戦闘が始まるかとようすをうかがいながら、ひたすら待機していた。すると、両陣営のあいだの野原を一匹の野うさぎが横切る。退屈していた双方の兵は大声を上げてうさぎに声援を送った。ところが幾人かがそれを戦闘開始の合図と間違えて、慌てて部下を騎士に任命してしまった。そのとき叙任された哀れな騎士たちはそれからずっと「野うさぎの騎士」と揶揄されることになった。

紋章

紋章はきわめて重要である。それが帰属を確認するためだけでなく、持つ者の血筋や社会との結びつきを語るものだからだ。たいていは父親がすでに家紋を持っているため、新たに手に入れる必要はないだろう。その家紋に、しめ縄のような形をしたレイブルと呼ばれるしるしを水平に入れて、わずかに修正すればいいだけだ。

‡ だれかと同じ紋章を使わないよう注意する。

‡ 一三〇〇年にブライアン・フィッツアランとヒュー・ポインツがたがいに同じ軍旗を掲げているとわかったときには、少し驚かれた程度でたいした騒ぎにはならなかったが、以来そうした問題はもっと深刻に受け止められるようになっている。

‡ 一三五六年のポワティエの戦いの直前、ジョン・チャンドスはフランスの元帥ジャン・ド・クレルモンと鉢合わせた。見ると、どちらも青い服を着た淑女と太陽光が描かれ

た記章をつけている。捨てゼリフを吐いたのはクレルモンのほうで、彼はイングランド人を非難した。「貴様らは新しいものをなにも生み出さないくせに、いいものだとわかるとすぐに真似をする」

‡

一三八六年にイングランド騎士裁判所で争われたリチャード・ル・スクロープ対ロバート・グロスヴェナーの裁判はよく知られている。原因はふたりが同じ紋章「青字に黄色の斜帯（アズール・ア・ベンド・オア）」を持っていたことだった。判決ではスクロープに軍配が上がった。

1280年ごろのこの紋章の巻物には、およそ700種類もの騎士の紋章が記されている。紋章官はデザインやシンボルを記録するためにこうした巻物を作成していた。騎士は、不面目かつ危険な混同が起きないように、紋章を用いて自分がだれであるかを明確に示す。

したがって、自分の紋章と同じものがほかにないか、よく確かめよう。自分の紋章を選ばなくてはならない状況にあるなら、名前との語呂合わせを試してみるといいかもしれない。たとえば、ヒュー・カーヴァリー（Calveley）は自分の紋章に三頭の子牛（calves）を、ロバート・ド・スケールズ（Scales）は自分の象徴に銀色の貝殻〔現在はうろこを意味するscaleはもとは貝殻を意味した〕を用いた。

バセット・オブ・ドレイトン卿ラルフの遺言のある項目には、一族の姓と紋章（と彼のベッド）がいかに重要であるかが示されている。


ここに遺言する。最初にわたしの姓と紋章を受け継ぐ者は、それがだれであっても、わたしの遺志に従い、わたしのすばらしいビロードのベッドを生涯にわたって使用してよいが、姓と紋章と同じく、手放すことだけはしてはならない。

騎士道の世界

騎士道の概念については、騎士になるまでにすでに慣れ親しんでいることだろう。ジョフロワ・ド・シャルニーは自身の書で、重騎兵のうちから騎士と価値観を共有すべしと説いている。それでもやはり、騎士に叙されたときに正式に騎士道の世界に入ると考えていい。

騎士道の理想は、

♱ 寛大さ（ラルジェス）
♱ 礼儀（クルトワジー）

である。

‡ 武勇(プルエス) ‡ 忠誠(ロワイヨテ)

チャンドスの軍使は黒太子について次のように記している。

わたしが王太子殿下を評することなどけっしてないが、気高き殿下は生まれたその日から忠誠心、立派な行動、武勇と美徳のこと以外は考えず、生まれながらに勇ましさを備え持っていた。

こうした考えは今に始まったものではなく、少なくとも一二世紀ごろから存在する。根底にあるのはキリスト教と戦士気質の結合だ。騎士道は万人のための規範ではない。社会でそれにふさわしい地位にある者たちだけのものである。農民や町の住人はほとんど理解していない。よって、彼らのことは好きに扱っていい。

騎士道は国境を越えた行動規範で、キリスト教世界に属する騎士がみなその価値観を共有している。ヨーロッパ各地で知られる騎士物語も文化的背景にある。イタリア人でもイングランド人と同じくらいアーサー王と彼の騎士たちについてよく知っているはずだ。現在は国単位の帰属意識が高まっている時代だが、国をまたいだ騎士道の世界に対する忠誠はそれをもしのぐ。たとえ戦争で敵対関係にあっても、騎士はたがいに大きな尊敬の念を抱いている。

黒太子

イングランド王エドワード三世の長男であるエドワード黒太子は、一三四六年のクレシーの戦いで名を知られるようになった。一三五五年にフランスのガスコーニュ地方から地中海沿岸地域へと急襲部隊を率いたのち、一三五六年にはポワティエの戦いで勝利を手にした。その後はスペインへ遠征して一三六七年のナヘラの戦いで勝利を収めている。一三七〇年のリモージュの略奪は残忍だったことでよく知られている。数年後、彼は病に倒れ、父親より一年早く、一三七六年にこの世を去った。

出世

ひとたび騎士になったなら、旗（バナレット）騎士へと出世する道が開かれる。バナレット騎士になれば、三角形あるいは燕尾形の長旗ではなく、正方形あるいは長方形の旗を掲げ、戦地で普通の騎士よりも大規模な部隊を指揮することができる。これは純粋に軍内の昇進で、バナレット騎士になったからといって社会的地位が上がるわけではない。またこの昇進には、普通の騎士になるときに必要だった名誉と武勇という一種の騎士道の哲学のようなものは付随していない。

フロワサールがジョン・チャンドスの昇進について記している。一三六七年のナヘラの戦いの前、ジョンは黒太子に自分の旗を見せて、今や自分は昇進に見合うだけの土地を所有するまでになったと申し出た。黒太子は旗が正方形になるように、しかるべく末端を切り落としてジョンに返した。手順は単純だが、この昇進を果たすために、チャンドスは戦いで名を上げるだけでなく、新たな地位を維持できる富があることも証明しなければならなかった。したがって、騎士になってもバナレット騎士になれるのは何年も先だと思っておいたほうがいい。

騎士がめざすことのできる高位の軍事職はふたつある。元帥と総司令官だ。代々家族がその地位にあればさらに有利である。

✢ ブシコーは元帥になった。彼の父親がその地位にあったことも理由のひとつだった。

✢ ベルトラン・デュ・ゲクランが総司令官に任命されたのは純粋に彼の功績による。

このふたつはたんなる名誉職ではない。フランスのそのふたりの元帥と総司令官はそれぞれ法廷を持っている。元帥には特に、軍事にかかわる幅広い分野の司法権がある。また、これらの職には役得もあった。たとえば総司令官は、城や要塞を占領したときに、すべての馬と馬具一式を自分のものにできる。

叙任

のちにエドワード二世となる王太子が叙任された一三〇六年の祝宴向けに調達されたものには、うなぎ五〇〇〇匹、タラ二八七匹、カワカマス一三六匹、サケ一〇二匹もあった。

グロスター伯が一三一四年のバノックバーンの戦いで戦死したのは、彼が自分の紋章を身につけておらず、だれだかわからなかったからだと言われている。

ジョン・ホークウッドは騎士だったが、いつどこで叙任されたのかはわからない。

ジョフロワ・ド・シャルニーは、名を成すことのできなかった騎士はみな一本ずつ順番に歯を引き抜かれてしかるべきだと語っている。

一三八二年、ローゼベーケの戦いの直前には四六七人の新騎士が誕生した。

長男が叙任されるときは、国王なら臣民から税を集め、領主なら借地人から金を取り立てていいことになっていた。

めざすべきもの

騎士道の価値観をみな頭に入れておかなければならないとはいえ、必ずしもそれが自分の直面している現実と嚙み合うとはかぎらない。寛大さを示せと言われても、地位を維持するには金が要る。礼儀正しく慈悲深くあれとはいうものの、場合によっては、簡単には折れないタフなところも見せなければならない。結局のところ、評判を上げるには勇敢であることを示すのが一番だ。大胆不敵で勇ましく、武器の扱いに長けているところを見せよう。それこそが真の騎士の証しである。

第4章　武器、防具、馬

騎士の防具はみなほぼ同じで、革製の胴鎧と鋼鉄の胸当て、鉄製の小手、太もも当て、すね当てだった。彼らは頑丈な短剣と剣を携えていた。全員が馬上槍試合用の槍を持ち、下馬して使った。

フィリッポ・ヴィラニ『年代記』一三六四年

会戦や攻囲戦用の防具はもちろん、模擬戦(トーナメント)用にも適切な防具をそろえなければならない。すべての状況にたったひとつの装備で対処することはできない。甲冑はどんどん特殊化しつつある。競技用の防具で戦に出向いたら、できることが制限されて身に危険をおよぼしかねない。武器も幅広く必要だが、中心となるのは槍と剣だ。立派な騎士には立派な馬も要る。実際のところ、費用という点では軍馬がもっとも高額だ。

鎖帷子(メイル)、革の鎧、板金鎧(プレートアーマー)

防具の製作にはいろいろな素材が使われる。

‡ 金属の輪をつないで鋲止めした鎖は重要な素材である。斬りかかられたときには強いが、たわむため、打撃は防げない。

‡ 金属製のプレートは、斬撃と打撃の両方を阻止することができる。

‡ キュイールブイと呼ばれる強化革（レザー）は、比較的軽くて強い。

‡ ヒゲクジラのひげを使ったプレート「バリーン」もとても使い勝手のよい素材で、競技用の防具に使われることが多い。

この鋼鉄製の小手のつなぎ目を見ればわかるように、プレートアーマーは強度があるだけでなく、動きやすいように巧みに作られている。

防具は過去一世紀のあいだに大きく変化した。昔ながらの鎖帷子は捨て置かれることが多くなり、代わりに鋼鉄のプレートアーマーが好まれるようになった。ベルギー、エノー出身の年代記作家ジャン・ル・ベルによれば、彼が一三二七年にイングランドを訪問したとき、イングランド人はプレートアーマーを知らず、丈の長いチュニックあるいは鎖帷子に紋章をあしらったサーコートを着て、鉄あるいはキュイールブイの大きな兜をかぶっていた。ところがそれから一〇年も経たないうちに、モダンなプレートアーマーを身につけるようになったという。実際にはそれほど極端ではない。一三世紀のイングランドではすでにプレートは知られていたが、一三三七年のフランスとの戦争がきっかけでイングランド軍の装備が最新になっただけである。幸い、近ごろの騎士の装備は申し分なく、ていねいに作られ精巧に組み上げられたプレートアーマー一式で全身をすっぽり覆うことができるだろう。

防具はどこで買うのか

製作している武具師のところへ直接出向くのが一番だろう。そうすれば自分の体に合うものを手に入れられる。ほかにも、大都市なら防具を売る店がある。英仏戦争で戦う騎士にとって好都合なことに、フランチェスコ・ダティーニというプラト出身のイタリア人商人が一時期フランスのアヴィニョンに店を構えていた。最高の防具はイタリア、ミラノで作られている。ドイツにもケルンを中心に腕のよい武具師がいる。

兜

頭の保護がもっとも重要だ。まずは鎖頭巾や兜と擦れ合う頭を守るために、兜の下にかぶる布のパッドを手に入れよう。

大兜（グレートヘルム）

グレートヘルムとして知られる古いタイプの兜は、肩で支える巨大な装備だ。たいていはてっぺんに大きな装飾がついている。外を見るための細長い穴（スリット）は、必要不可欠な通気のための穴でもあり、かぶっているあいだはとても暑い。上げ下げできる面頬（バイザー）はない。こうした兜を使うな

上：前世紀の終わりごろにミラノで作られた甲冑ひとそろい。胸当てはビロードで覆われ、胴と手足は鋼鉄のプレートで完全に防護されている。兜は円錐形のバイザーがついたバシネットで、アヴァンテールが首と肩を保護している。

次ページ：この 14 世紀のグレートヘルムには可動式バイザーがなく、実戦より模擬戦向きである。

ら、絶対に必要な瞬間までかぶらないことを勧める。一三世紀まではグレートヘルムの頭頂部が平らだった。製作は容易だったが鎚矛（メイス）や戦鎚（ウォーハンマー）の打撃には弱かった。

競技用の兜

現在模擬戦に用いられている兜はグレートヘルムがもとになっている。平らな頭頂部は円錐形に近くなり、攻撃をかわしやすくなった。最新の競技用兜は「カエルの口」とも呼ばれている。目のスリットの下にカーブした唇が飛び出ているような形で、背筋を伸ばして座ったとき、あるいは後ろにのけぞったときにも顔が十分に保護される。

競技用の兜をかぶるときには、後ろのひもを先に結ぶ。あまり強く締めつけてはいけない。相手の攻撃が命中したときに兜が吹き飛ぶようにしておくためだ。興味深いことに、そのほうが絶対にはずれない兜よりも安全なのである。それでも、首を捻挫するほどの衝撃は受ける。

技術

製造技術の向上によって近年は作れる甲冑に変化が起きている。たとえば、水車の力を利用するハンマーによって製作過程の一部が機械化され、水力を使ったふいごによって製錬の温度を高めることが可能になった。よく鍛えた鉄は曲げやすいが、丈夫な甲冑に必要な剛性がなく、剣を作っても使い物にならない。一方、鉄に炭素を加えると鋼鉄ができる。鋼鉄は熱したり冷やしたりする複雑な工程を経て鍛えることができ、硬さを調節できる。そのため、腕の立つ職人は甲冑の表側を硬く、裏側に柔軟性を残して割れにくく作る。武具師は甲冑のさまざまな部分を成形し、磨いて仕上げるために、特殊な金槌はもちろん、異なる形をした多くの鉄床（かなとこ）を持っている。

バシネット

戦場でグレートヘルムタイプの兜をかぶってもいいが、周囲がよく見えないうえに呼吸も満足にできない点が若干不利である。その点、バシネットは、はるかに実用的だ。一四世紀の初めごろ、バシネットは、グレートヘルムの下にかぶれそうな、頭にぴたりと合う鋼鉄の縁なし帽のようなものだった。その後、開閉可能なバイザーがつけられて、戦いが始まるまでのあいだ開けた状態で固定できるようになった。おかげで、周囲の状況を目と耳で確認できると

鼻の部分が突き出た形のバイザーがついたこのイタリア製バシネットは、見ようによっては不格好だが、だれかに笑われることはない。このバイザーは防御力もさることながら、呼吸も楽にできる。

同時に頭も保護できる。首の防護には鎖帷子を使う。最近のバシネットは見た目が奇妙だ。たいていはバイザーが円錐形で、かぶると犬、ともすれば豚のように見える。しかしながらこの形はきわめて実用的である。顔の前面に空気が十分に確保されるため呼吸がしやすく、バイザーに顔面をぶつけても鼻の骨を折らなくてすむ。一三五九年のノジャン＝シュル＝セーヌの戦いで、ユースタス・ドーベルシクールはイングランド軍を指揮していた。フランス軍のひとりがユースタスの顔めがけて槍を投げた。槍はバイザーを貫通し、ユースタスは歯を三本折ったが、そのまま戦い続けることができた。バイザーが衝撃のほとんどを受け止めたためである。

体の保護

上半身を守る方法はいろいろある。

‡ 鎧の下には鎧下（ギャンベゾンあるいはアクトン）と呼ばれるパッド入りの上着を着る。イングランドの騎士ジョン・フィッツマーマデュークは、袖がクジラのひげ（バリーン）でできている、とてもおしゃれな赤い鎧下を持っていた。

‡ 「二枚のプレート」。これは鎖帷子の進化形で、布や革製の上着に、ひだになるように端を重ねた細長い鋼鉄のプレートを取りつけたものである。プレートを立派な布で覆うと見栄えがいい。一三七七年にイングランド南岸のライを攻撃したフランス軍は、

捕虜にしたイングランド人を見て感心した。彼のプレートが金色のビロードで覆われていたからだ。

♰ 胴鎧、つまり頑丈な胸当てが目下の最先端で、とりわけ馬上槍試合に適している。

♰ 肩当て(エレ)は装飾を兼ね備えた保護用の部品で、紋章がついている。もっとも、これは一三五〇年ごろに廃れてしまった。

手足を守るには、太ももとすね当て、そしてひざ当てのプレートだ。装甲靴も要る。

防具の変化は流行の影響も受ける。一四世紀初めは防具の上に丈の長いゆったりしたサーコートを羽織るのが粋なスタイルだったが、今はパッド入りで丈の短い胴着(ジュポン)に置き換わっている。そのほうが断然垢(あか)抜けている。

こうした防具はかなり重く見えるが、実際にはそれほどでもない。重さが体全体にうまく分散されるため、プレートアーマーは昔の鎖帷子よりも楽に着られるだろう。差し当たって、完全武装したときに、だれの手も借りずに馬に乗れるようにしておいたほうがいい。

各部位の名称

エレ　肩当て、紋章がつけられることが多い

アクトン　鎧下、パッド入りの上着
アヴァンテール　首を保護する鎖帷子、兜から垂れ下がっている部分
バシネット　尖った兜、たいていはバイザーがあり実戦向き
カメール　アヴァンテールの別名
シャンフロン　馬の頭を守る防具
クーター　ひじ当て
キュイラス　胸と背中用のプレート
キュイス　太もも当て
ギャンベゾン　アクトンに似た上着
ゴーントレット　小手
ゴージット　のど当て
グリーヴ　すね当て
ホーバーク　たいていは鎖帷子
ジュポン　鎧の上に着るぴたりとした上着
ポーレイン　ひざ当て
サバトン　装甲靴
サレット　顔が出る兜、歩兵向き

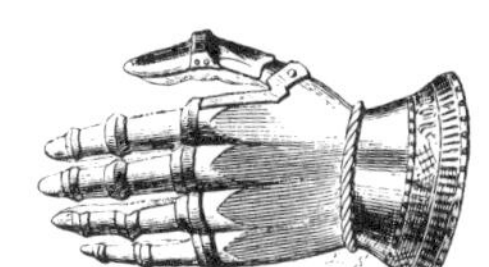

14世紀の鋼鉄製サバトン　14世紀の鋼鉄製ゴーントレット

14世紀に着用されていたとおぼしきいろいろなスタイルの鎧を身にまとった騎士たち。

スポールダー　肩当て
サーコート　鎧の上に着るひらひらした布製の上着
ヴァンブレース　腕甲

防具を身につける

甲冑をまとうのはかなりたいへんで、間違いなく従者の手を借りる必要がある。たくさんのパーツがあり、それぞれを適切につけなければならない。

一四世紀初めの模擬戦用防具のつけ方を次に示す。もちろん、今ならおそらく鎖帷子とグレートヘルムではなく、プレートアーマーとバシネットで武装することになるはずだ。

- まず、準備する部屋で火を起こす。凍えたくはない。床にはカーペットを敷こう。
- 次に、シャツ一枚になって、髪に櫛を入れる。
- 足元が先だ。革靴を履く。
- すね当てをつける。おそらく鋼鉄かキュイールブイだろう。次に太ももとひざ当てだ。
- それからアクトンと呼ばれるパッド入りの鎧下を着て、そのあとにシャツと頭巾。
- 次が鎖頭巾。

甲冑を着るのはひと苦労だ。留め具を固定したり、たくさんあるひもを結んだりするには従者に手伝ってもらわねばならない。時間に余裕を持って準備しよう。

✣ さらに鎖帷子を着て、その上から革の防具を重ねる。

✣ そしてそのまた上に、紋章のついたサーコートを羽織る。

✣ 小手をはめて、いよいよ最後にグレートヘルムをかぶる。

手入れ

防具の状態を良好に保つのは容易いことではない。最高品質の鋼鉄でさえ錆びるからだ。塗装やめっきが施されていれば少しはましだろう。作業はたいへんでも、プレートアーマーは比較的磨きやすい。一方、鎖帷子をぴかぴかに保つにはさらなる努力が必要である。小麦を挽いたときに出るくずを入れた樽を使うのもひとつの方法だ。防具をそのなかに入れて、転がせばいい。麦くずが防具を研磨すると同時に、くずに含まれる油分がある程度まで錆を防いでくれる。

費用

防具は安くない。一三七四年に作成されたイングランド人老騎士の持ち物の目録から相対的な値段がわかる。バシネットひとつの価格はおよそ一四日分の賃金に相当する（賃金は日額およそ二シリング）。馬に適切な装備をつけるとかなり高額になることもわかる。

アヴァンテールつきバシネット　一ポンド六シリング八ペンス
鞍と馬鎧　六ポンド六シリング八ペンス
鎖帷子三着　八ポンド一三シリング四ペンス
プレートの小手二組　六シリング八ペンス

こちらは一三八三年のスペインの防具の価格である。一番高価な品は、製作に多くの労力を要する鎖帷子だ。

アヴァンテールつきバシネット　二〇フロリン
鎖帷子　二五フロリン

鉄一枚　一五フロリン
足用の鎧一式　一〇フロリン
小手　四フロリン

当然のことながら、ヨーロッパ各地で戦争が起きている今、武具商人はかなり潤っている。一三六七年、フランチェスコ・ダティーニはアヴィニョンの彼の店に次のものを置いていた。

バシネット 四五個　　胸当て　六〇着　　小手　二三組
鉄製の帽子　三個　　胴鎧　二〇着
頭巾　一〇枚　　鎖帷子　一二着

馬

馬のない騎士などありえない。フランスの法律専門家オノレ・ブヴェは言う。「騎士は怖いもの知らずでもある。自分が全幅の信頼を寄せる馬がいるからだ」。実際には、馬は自分用に最低二頭は必要で、従者の分も合わせるとその数はさらに増える。馬にはいくつかの種類がある。

- デストリエとも呼ばれる軍馬（チャージャー）は見事な馬である。体が大きくて力があり、おそらく体高は一六ハンドに達するだろう。このタイプの馬を持っているなら、普段はあまり乗らずに戦闘用に取っておこう。
- それより軽量なコーサー、すなわち駿馬（しゅんめ）は乗りやすく、実戦でも模擬戦でも使える。
- ポールフリーは乗馬用の馬で、なめらかな乗り心地が特徴である。
- ハックニーも乗馬に適している。
- ラウンシーは普通の万能馬を意味するやや古い言葉である。

馬の防具も重要だ。この騎士の馬は全身を覆う「馬鎧」をつけている。

戦闘用なら軍馬か駿馬の入手を目標にするといい。最高の馬といえばやはりスペインかイタリア産だが、馬の売買は一大産業であるため、たとえばハンガリーの馬が遠く離れたイングランドで売られることもある。トップクラスの軍馬は一〇〇ポンド以上するかもしれない。価格が四〇～五〇ポンドに満たない軍馬を見つけることは難しい。見事な馬を手に入れられるのは最高位の騎士だけだ。安いほうに目を向ければ、五ポンドでもまずまずの馬が見つかる可能性もある。荷物運搬用ならそれ以下だろう。

馬はさまざまな色をしているが、大多数は鹿毛、栗毛、あるいは黒で、葦毛（灰色）もときどきいる。色によって格が上下することはなく、馬の質が変わるわけでもない。

馬には名をつけなければいけない。鹿毛ならベアードが定番だ。多くの馬にその名がつけられているため、姓をつけるなどして区別する。ベアードはもちろん、たくさんの冒険物語に不思議な力を持つ勇ましい馬として登場している。こげ茶の馬にはモレルが似合う。こちらも持ち主の姓をつけてモレル・ド・モホート、あるいは場所の名をつけてモレル・ド・ダラムという具合に区別する。

高価な馬には防具が必要だ。戦場で矢が音を立てて飛んでくるなかを駆け抜けるところを想像してみよう。頭を保護する馬面が必要最低限だが、しっかりしたパッドの上から鎖帷子の馬衣をかけるなどして本格的な装備を施すこともできる。そして最後は主人の紋章をあしらった布製のカバーをかける。これは重要である。戦場では、馬鎧を着けた馬にまたがる完全武装の騎兵と、馬がむき出しの弓兵らとのあいだの格差は一目瞭然だからだ。

鞍も重要である。鞍は前橋と後橋が高く、馬上槍試合用の鞍では特に騎手を包み込むほどの高さがある。そうすれば、鞍の上でも体が安定し、衝撃を受けても耐えられる。つまり、槍で攻撃されても突き落とされることはない。鐙は長く、馬にまたがったときに足がほとんどまっすぐになる。そのため、槍や剣で戦うときにしっかりした姿勢で臨むことができる。

馬は手がかかる。軍馬は特に食欲旺盛で、一頭あたり〇・五ブッシェル（およそ七キログラム）のオーツ麦を与えなければならない。普通の馬でもその半分くらいは必要だ。くわえて、野原に出て草を食べることができる夏期以外は、干し草も与えなければならない。また定期的に蹄の手入れをして、釘や蹄鉄を切らさないようにしておく必要がある。腹帯（はらおび）、無口頭絡（むくちとうらく）といった馬具も欠かせない。一方、馬の体調が万全でなくても絶望することはない。なにしろ馬用の薬はたくさんある。ワインが使える。酢もだ。ドラゴンの血、乳香、フェヌグリーク、テレビン油、オリーブ油も、馬の治療薬リストに載っている。

鎧をつけた馬に乗るスペイン人騎士集団。騎士の正しい乗り方にならい、足をまっすぐに伸ばしてまたがっている。

騎士は馬の背で活躍する

騎士道（シヴァルリ）という言葉はフランス語で馬を意味するシュヴァルという単語と関係がある。歴史書を記したトーマス・グレイの同名の父親はかつて、騎士として活躍したければ馬に乗っていなくてはならないと述べた。アラゴン王ペドロ四世は、自分は徒歩より馬に乗っているときのほうがうまく戦えると記している。詩『サー・ローンファル Sir Launfal』では、英雄だったその騎士が馬をうまく操れなかった自分を物笑いの種にしている。

自信なさげに馬にまたがり
馬が滑って沼地にはまる
多くの人が彼を笑い
話は遠くまで知れ渡った

馬は騎士のアイデンティティの一部だ。それにもかかわらず、皮肉なことに、ほとんどの状況では馬から下りて自分の足で敵に立ち向かうのが最適な戦い方である。

盾

盾はかつて縦に長い凧形だったが、一四世紀の初めごろまでに大きな変化を遂げた。現在はかなり小さな逆三角形で、表側が曲面ではなく平坦である。おもに木または革製で、むろん紋章がついている。盾は試合用の装備としても重要で、上部右側の角に槍をはめ込む切り込みが入ったものもある。しかしながら、戦場ではあえて盾を持たないという選択肢もある。歩兵は長方形の小盾あるいは小さな円形の丸盾を使うが、馬に乗っていてもいなくても、完全武装した騎士に盾などほとんど必要ないからだ。

槍（ランス）

槍は見ごたえのある武器だ。長いものでは四メートルに達し、おもにトネリコの木で作られ、立派に塗装されていることも多い。人と馬の総重量と突撃の勢いのすべてが、その槍先の一点に集中することを思えばわかるが、その力は計り知れない。槍は投げ槍（ジャヴェリン）のように投げ飛ばすことはなく、人と馬の勢いを利用するものである。馬に乗ったらまず、槍は鞍につけられた槍受けに乗せて垂直に立てて運ぶ。その後、突撃に備えて先端を低く構える。槍は柄の端にかなり近いところを握り、脇に抱えるようにして、先端が馬の左側にくるよう馬の首あたりを横切る角度で持つ。槍は柄側の端のほうが太く重くなるように作られているが、それでもバランスがよい武器ではないため、持ち上げて正確に的を狙うにはかなりの力が必要だろう。

　馬上槍試合には専用の槍が要る。こちらは先が尖っておらず、王冠のように突起が三つあるコロナルと呼ばれる穂先になっている。手を保護するため、握りの前に槍鍔（やりつば）がついていることもある。槍試合では相手に見事な突きを与えて槍が折れれば評価されることから、槍の強度は必要以上に上げなくていい。もっとも、槍が折れるのは見事に命中したときだけだ。胸当ての脇には、槍を引っ掛ける槍支え（アレ）をつけるといいだろう。さらに槍側にグレイトと呼ばれる部品をつければ、槍がなおのことしっかり固定されて、騎手と馬の重量全体が確実に槍にかかるようになる。馬上槍試合では槍が折れれば加点される。何本も折ることを期待して、予備をたくさん用意しておこう。

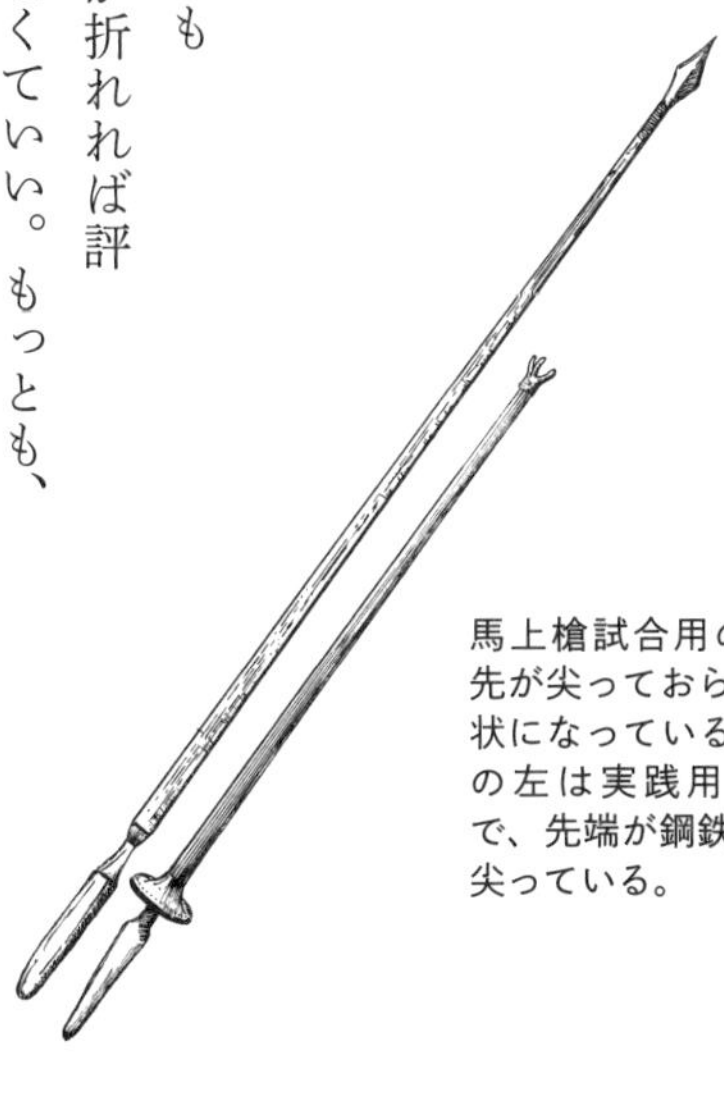

馬上槍試合用の槍。先が尖っておらず冠状になっている。その左は実践用の槍で、先端が鋼鉄製で尖っている。

剣

剣はまさに高貴な武器である。ジョフロワ・ド・シャルニーによれば、諸刃は「キリスト教の信仰にたがうことなく、すべての面で正道、道理、正義を守る」という騎士の責務を象徴している。剣にはさまざまなタイプがあるが、基本的な特徴は、長さがある、両刃である、柄に横材もしくは柄頭があることだ。柄頭はシンプルな丸いものもあるが、装飾が施された形のほうが当世風である。剣は通常、中央を走る尾根のような隆起部分を作ることで硬度を上げてある。

単純に見えるかもしれないが、いざ作るとなると剣は複雑な武器である。鍛冶屋は金属の塊を鍛えて剣を作る。金属を熱して打ち延べられるようにしたうえで、金槌でたたいて形にするのだ。昨今の剣はおもに鋼鉄の塊から作られる。何本もの鉄の棒をひねったりたたんだりして一枚の刃にする時代はすでに終わった。適度な硬度にするためには慎重な加熱と冷却が必要だ。硬くても、もろい剣は使い物にならない。同様に、柔らかくて容易に折れ曲がってしまう剣もまた、戦場ではほとんど役に立たない。

剣にはさまざまなタイプがあるが、たいていは強度を増すための中央の隆起、防御のための横木、そして柄頭がある。

✣ 鍛冶屋の技は、刃に強度と硬度を与えるところにある。

✣ 剣ではバランスが大事だ。先端に向かって細くなっていることが重要で、これは柄側に重心を置くためである。

✣ まともな剣は重すぎない。理想の重さは一・五キロくらいだろう。

プレートアーマーの誕生により、剣も変わりつつある。昔の剣は刃が幅広く斬りつけるのに適していたが、最近のものは鋭い切先で突けるように硬く、先が細くなっている。

剣の代わりになる武器もある。

✣ 偃月刀（ファルシオン）は、刃が弧を描いている幅広の片刃の武器で、剣よりもかなり短いが、斬りつけるときには強力だ。

✣ 鎚矛（メイス）は重たい棍棒である。年代記作家フロワサールは一三七三年に、鉛のメイスを持っていたひとりの騎士について記している。「騎士は届く範囲にある兜をことごとくそれでかち割った」。けれども、彼自身も頭に報復攻撃を受け、もとの

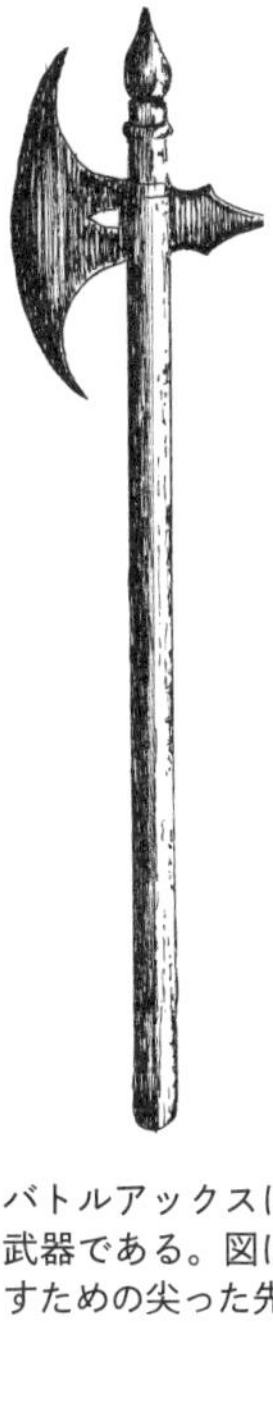

バトルアックスは致死性がきわめて高い武器である。図は斬るための刃と突き刺すための尖った先端を持つタイプ。

状態に戻ることは二度となかったという。メイスによく似たものに戦鎚（ウォーハンマー）がある。

- 斧も役に立つ武器である。覚えておこう。バノックバーンの戦いの前哨戦で、スコットランド王ロバート一世がイングランド軍のヘンリー・ド・ブーンと戦ったとき、ロバートは自分の戦斧（バトルアックス）で相手の頭をふたつに割ると同時に持ち手を破壊した。ベルトラン・デュ・ゲクランが好んだ武器は斧だった。ブシコーはローゼベーケの戦いで、手に持った斧をたたき落とされた。

その他の武器

戦闘用の武器はほかにもたくさんある。騎士はそれぞれの武器の効果と操作について理解しておくべきだが、実際に扱えなくても問題はない。

いしゆみ（クロスボウ）は歩兵の武器である。

- ワンフット・クロスボウは矢を装填するときに足で踏む鐙がひとつのもの。
- トゥーフィート・クロスボウは矢を装填するときに両足で踏む。
- ア・トゥール・クロスボウは巻き上げ機（ウィンチ）で装填する。

クロスボウは恐ろしいほど重くて太い矢を放つ。おもに城の防衛に使われるが、会戦では、パヴァスと呼ばれる巨大な盾を持ったクロスボウの射手は恐るべき存在となる。クロスボウの難点は、矢の装填に手間がかかり、なかなか放てないことである。

弓はそれよりずっと単純な武器だが、使いこなすには多くのスキルと力が求められる。

✣

イングランド軍は長弓（ロングボウ）を使う。イチイ材のものが理想だ。長さが一八〇センチ以上あるこの弓は、クロスボウよりもはるかにすばやく矢を射ることができる。長弓の射程は最低でも一八〇メートルを超える。イングランド軍の弓隊が一斉に放つ矢の雨は実に恐ろしい。弓は騎兵を圧倒する破壊的な武器になりうる。

✣

サラセン人はまったく異なるタイプの短い弓を使う。それらは一本の木ではなく、おもに板を重ねた複合材と動物の角を接合したもので、独特なカーブを描いている。オスマン帝国軍の矢の嵐は、イングランド軍の長弓が放つものに負けず劣らず脅威的だ。

クロスボウは装填に時間がかかるが、攻囲戦で威力を発揮する。この図ではワンフット・クロスボウを引いて矢をあてがい、放っている。

甲冑

甲冑の総重量は二二～二七キロくらいで、それを超えないほうがいい。

とても暑い時期に甲冑を身につけると窒息するおそれがある。

オーレーの戦いでは、ヒュー・カーヴァリーとその兵が、身動きを取りやすくするため

長さが180センチ以上の長弓を引くには強い力が必要だ。最強の弓にはイベリア半島のイチイ材が用いられており、弓の強さ、つまり弦を引く重さ（ドローウェイト）がおよそ150ポンド（約68キログラム）以上になることもある。

に太ももやすねを保護する部分をはずした。

甲冑は完全に守ってはくれない。一三三七年、ウィリアム・デスペンサーは、一本の矢が三枚重ねの鎧下と三層の帷子を貫通して死んだ。

エドワード三世は自分の鍛冶屋アンドリュー・ル・フィヴレを一三四六年の遠征に同行させた。ロンドン塔ではアンドリューの母親が息子の代わりに仕事を引き受けなければならなかった。

長柄武器(ポールウエポン)も騎兵が憂慮すべき武器であり、見た目がシンプルだから害はないと考えてはいけない。

✝ ボルドー地方の鋼鉄の長槍(パイク)は槍の一種で、きわめて高い評価を受けている武器である。

ハルバードとも言われる斧槍にはいろいろな種類がある。どれもみな歩兵隊が持つことでかなりの戦力になる。

✥ シンプルな投げ槍でも、シルトロンとして知られる密集陣形を取ったスコットランド軍の手にかかれば、十分に敵の突撃を食い止めることができる。

✥ 斧槍(ハルバード)は先端に斬ったり突いたりするための刃がつけられた棒状の武器で、こちらも強力だ。とりわけスイス軍は、これらを巧みに扱ってドイツの騎兵を打ち負かしている。

ほかにも、攻囲戦で用いる大きな装置、巨大な投石兵器、大砲など種々の武器があるが、騎士が使うものではなく、それぞれ扱いを心得た専門の工兵や砲兵がいる。しかしながら、騎士もそうした武器の能力を知っておく必要がある。それらについては第12章で解説しよう。

第5章　騎士団

そしてその祝宴において、国王はこれまでにない新たな任を命じた。選び出された六〇人の家臣や騎士は、命、行動、衣服を共にして国王に仕え、尽くすと誓った（中略）それは結び飾りの騎士団と呼ばれた。

マッテオ・ヴィッラーニ『年代記』一三五二年

人は集団や組織に属することを好む。帰属感や共通のアイデンティティを得られるためだ。その点においては、騎士も例外ではない。騎士が参加できる騎士団はたくさんある。参加すれば仲間意識と自分の存在価値を感じることができる。入団の儀式を受ければ、騎士としての理想も明確になるかもしれない。ただし、入団先をよく見定める必要がある。

宗教的な騎士団

メンバーが騎士だが修道士でもあるホスピタル騎士団にはおそらく入りたくないだろう。そうした騎士団の数は明らかに減りつつあるが、修道院の規律が楽しいとは思えない。

入団できる騎士団はたくさんあるがテンプル騎士団員にはなれない。すでに存在しないからだ。同騎士団は14世紀初めにフランス王フィリップ4世によって解体された。この絵では、テンプル騎士団員が異教徒の罪で火あぶりにされている。

　テンプル騎士団が創設されたのは、十字軍の初期にあたる一二世紀だった。東方に、一二九一年に臨時首都アッコを失う前のエルサレム王国〔十字軍が創設したキリスト教の王国〕があったときには、そうした騎士団にはそれなりの価値ある目的があった。だが、テンプル騎士団は一四世紀初めに解体された。この騎士団がヨーロッパにたくさんの土地を所有し、一大金融機関に発展していたため、フランス王フィリップ四世がその資源に目をつけたのである。驚くまでもない。テンプル騎士団は異端と不道徳の罪で裁判にかけられ、騎士たちは神への冒瀆、偶像崇拝、見事なまでにさまざまな性的不品行で有罪になったと言われている。しかしながら、罪状のなかには首を傾げるようなものもあった。たとえば、次のような内容が含まれている。

区分三等。ネコの崇拝について。告発二件。イングランドに目撃証人なし。

テンプル騎士団員のシングルベッドを整えていたところ、翌日になって、一緒に寝たとおぼしき形跡が見つかることがよくあったとの証言あり。

その後、ホスピタル騎士団がテンプル騎士団の所有物のほとんどを引き継いだ。アッコが陥落したのち、騎士団は本部をキプロス、さらにはロードス島へ移転した。これから地中海方面への十字軍遠征に出るなら、ほぼ間違いなくホスピタル騎士団とかかわることになるだろう。もっとも同騎士団にかつての勢いはない。地中海沿岸地方にはほかにも宗教的な騎士団があり、なかでもスペインのカラトラバ騎士団とサンティアゴ（聖ヨハネ）騎士団はよく知られている。

ドイツ騎士団もまた大きな影響力を持つ軍事集団である。彼らは東方の十字軍王国からバルト地方へと関心を移し、リトアニアの異教徒に対する聖戦で主要な役割を担っている。ただし、ドイツ騎士団は一四一〇年にタンネンベルク（グルンヴァルト）の戦いでポーランドとリトアニアの連合軍に敗れており、今後の存続が危ぶまれる。同騎士団がこの大敗から完全に立ち直ることはないように見える。

非宗教的な騎士団――聖ゲオルギウス、飾り帯、ガーター

宗教と関係のない騎士団は人気があるが、長続きしないものが多い。国王たちは、自分の名声を高め、臣下の協力を得る便利な方法として騎士団を作ることに熱心だ。初の世俗騎士団は一三二五年にハンガリーで創設された聖ゲオルギウス騎士団である。続いて一三三〇年にはカスティリャに飾り帯の騎士団が作られた。スペインの年代記には次のような記録がある。

サンティアゴ（聖ヨハネ）騎士団の騎士たち。この騎士団はスペインの宗教的騎士団で、同地におけるキリスト教徒の再征服で重要な役割を担った。テンプル騎士団、ホスピタル騎士団、ドイツ騎士団とは異なり、この騎士団の騎士は結婚が許されている。

そして彼らは飾り帯の騎士団と呼ばれた。彼らには騎士道精神に基づく善行の掟があった。飾り帯を授かった騎士は、掟に記された騎士道精神のすべてを守ることを誓った。

のちの一三四四年、イングランド王エドワード三世が円卓の騎士団を作ろうと考えた。これは三〇〇人規模になるはずの騎士団で、王はウィンザー城の敷地内にメンバーが集うための巨大な円形の建物を築き始めるところまでものごとを進めた。年代記作家のジャン・ル・ベルは記している。

王はこの円卓の騎士団を叙任するための正式な式典と一般祝賀会を開くことを国中に宣言し、貴婦人方や騎士や騎士見習いに、一三四四年の聖霊降臨祭の日にウィンザー城で開かれる盛大な祝宴に万難を排して出席するよう命じた。

目的は、かつてのアーサー王の円卓の騎士をモ

ステンドグラスのガーター勲章。エドワード3世の騎士団を象徴するモットー「悪意を抱く者に災いあれ（オニ・ソワ・キ・マル・イ・パンス）」が刻んである。

デルに新たな騎士団を創設することだったが、円形の建物はほとんど完成していたにもかかわらず、どういうわけかこの計画は頓挫した。この壮大な計画の代わりに、王は四年後、ほとんどクレシーで戦った者だけにかぎられた二六人の精鋭からなる、かなり縮小した形の騎士団を作った。アーサー王の円卓の騎士を思わせる含みはもうなかった。代わりに、この騎士団は聖ジョージ〔ラテン語ではゲオルギウス〕に捧げられており、むしろ奇妙なことに、ガーター騎士団として知られている。

ガーターと呼ばれる理由、そして団の色が青と金である理由はなにか？

‡ 若く美しい貴婦人が舞踏会で落とした靴下留め（ガーター）を王が拾ったことに由来するという、ありえないような説がある。

‡ 王が冗談でなんらかの下着の名を用いようとしたが、選択肢があまりなかったためガーターになったとも考えられる。選択肢がいろいろあったらどんな名称になったのだろう。

‡ より学問的な見解では、ガーター騎士団の青と金の色がフランス王家の紋章の色であることから、これは自分にフランスの王位継承権があると主張していたエドワード三世のフランスへのあてつけで、騎士団のモットーである「悪意を抱く者に災いあれ（オニ・ソワ・キ・マル・イ・パンス）」も同様だと言われている。

小規模で過度に排他的、そしておかしな名称とモットーを持つガーター騎士団が長く存続するとは考えにくい。王と騎士団が模擬戦で使った別のモットー、「白鳥よ、神の御霊にかけて我（われ）が相手になろう」にしたほうがよかったのではないだろうか。

王立騎士団のリスト

聖ゲオルギウス騎士団　ハンガリー、一三二五年
飾り帯の騎士団　カスティリャ、一三三〇年
ガーター騎士団　イングランド、一三四八年
黒鳥騎士団　サヴォイア、一三五〇年
星章騎士団　フランス、一三五二年
結び飾りの騎士団　ナポリ、一三五二年
首飾りの騎士団　サヴォイア、一三六四年
黄金の盾　フランス、一三六七年
聖ゲオルギウス計画　アラゴン、一三七一年
白貂（しろてん）の騎士団　ブルターニュ、一三八一年

船の騎士団　ナポリ、一三八一年
鳩の騎士団　カスティリャ、一三九〇年
サラマンダー　オーストリア、一三九〇年ごろ
黄金のりんご　フランス、一三九五年
挨拶の花瓶の騎士団　アラゴン、一四〇三年

その他の騎士団

君主が創設した騎士団はほかにもたくさんあるが、すべてが成功したわけではない。一三五二年、フランス王ジャン二世は三〇〇人を擁する星章騎士団を創設した。運は彼らに味方しなかった。騎士団が年に一度の会合を開くころにはすでに、およそ三分の一の騎士がモーロンの戦いで命を落としていた。一三五六年のポワティエの戦いでジャンが捕らえられ、一三六四年に死去したことで、この騎士団計画は終わりを迎えた。

騎士団の数は一四世紀後半に激増した。言うまでもなく、君主が作った騎士団の格が一番上だが、今から入団できる騎士団はほかにもたくさんある。たとえば、ブルボン公が最近になって一六人の騎士からなる四人の足かせ（フェール・ド・プリゾニエール）の騎士団を設けているほか、フォワ伯は男性だけでなく女性も加入できるドラゴン騎士団を作っている。ドイツには数多くの模擬戦団体があり、最古

の団体は一三六一年から存在している。そうした組織では年に一度、馬上槍試合を中心とする集会が開かれ、評議会が監督している。

騎士団

一三一〇年五月一二日、テンプル騎士団の騎士五四人がパリで火刑に処された。

ひと房の髪の騎士団は、美しい乙女が自分の髪をひと房切ってオーストリア公に捧げたことからその名がついた。

エドワード三世の騎士たちが身につけていたモットーのひとつは「ありのまま」と読める。

一三五二年に星章騎士団が集ったホールには赤いビロードが吊るされていた。

ガーター勲章を身につけていないと六シリング八ペンスの罰金を課される。

船の騎士団員は、キリスト教相手の戦いで手柄を立てたときには記章に白い帆を、サラセン人相手の戦いなら赤い帆を足すことができた。

騎士団の特徴

騎士団の詳細は団によって大きく異なるが、それぞれに行動指針を定めた規定がある。たとえば、短命だった結び飾りの騎士団は次のようになっている。

> 結び目がばらばらなものを結び合わせるのと同じように、同じ聖霊の御名においてこの結び飾りを手にすることで、当騎士団に入る者の道徳感はひとつになり、信仰の力が七倍にも強まって、この先責務として課される善行を重ねる力となる。

規定には団員として守るべきルールの説明と、騎士がたがいに負う責務が記されている。たいていは年に一度の総会の手順についても書いてある。

一三八一年にナポリ王シャルル三世によって創設された船の騎士団は五年と続かなかった。それでも、その規定からは騎士団に入団したときのようすがよくわかる。船の騎士団の目標は称賛に値する。

すべての人の暮らしがよくなるように不屈の精神をもって献身し、愛と名誉を重んじて善と勇気を大切にし、悪と臆病を忌み嫌うこと。それこそが正しい行いであり、この騎士団が望み、命じるものである。

船の騎士団の団員は数ある責務のなかでも特に、

✣ あらゆる方法を尽くしてたがいを助けなくてはならない。相手が貧困に陥ったり、監禁されたり、病に倒れたときはなおさらだ。

✣ 高貴な女性の名誉を汚してはいけない。

✣ 年次集会に欠席した場合は罰金を課される。

結び飾りの騎士団は1352年にナポリ王ルイが創設した。ひとりで食事をしている中央の黒衣の人間は、名を汚した騎士である。

集会では、騎士が自分の経験すべてを報告し、後世のための記録が残された。宗教的な責務には、毎週金曜日の断食と定期的に祈りを捧げることが含まれていた。

青い胴着（ジュポン）、シルバーで縁取りされた白いサーコート、赤い靴、赤いマントとフードに身を包んだ船の騎士団は見た目がしゃれている。船の記章はシンプルな船体とマストから始まり、手柄を立てるにしたがって、舵柄（かじづか）、錨、ロープ、桁端（けたはし）、帆、旗など部品が増えていく。

騎士団の多くは本部を構えていた。

- ‡ 聖職者の学校と結びつきのあったガーター騎士団は、ウィンザー城の聖ジョージ礼拝堂に本部が置かれ、さまざまな宿舎も併設されていた。
- ‡ 星章騎士団はサン＝トゥアンが本拠地で、ガーターと同じく、礼拝堂につながっており、大砲が備えてあって、司祭がいた。
- ‡ 結び飾りの騎士団はナポリ湾の島にある卵（デローヴォ）城に本部を置いていた。
- ‡ 船の騎士団はナポリのヌオーヴォ城で集会を開いた。

p **46** 前出　ママでＯＫ？

どの騎士団に入るか

騎士団を選ぶことは難しい。小さすぎて排他的なガーターはやめたほうがいい。アラゴンにある挨拶の花瓶の騎士団のような新しい騎士団は期待できそうだ。ひょっとすると、最良の選択肢は自分で創設することかもしれない。ブシコーがまさにそうで、一四〇〇年に緑の盾の白い貴婦人騎士団を作っている。メンバーが一三人のこの騎士団は、五年のあいだだけ試験的に設立されたもので、悪者から自分の土地や身を守ることのできない貴族の女性たちの問題に対処することが目的だった。自身も未亡人だったクリスティーヌ・ド・ピザンはこの試みを気に入って、彼女にしてはやや平凡な詩を書いている。

その者たちは、ひるむことなく
美しき貴婦人が描かれた緑の盾を手に
鋭い刃の剣を持って
悪者から彼女を守らんとする

残念ながら、結果的にブシコーの騎士団は期待に応えられず、実際にはなにも達成できなかった。よって、自分で創設するなら、幸運を祈ろう。

騎士団に入る必要はないが、入ればそれなりに価値はある。騎士団員という名声を得られるうえ、ほかの騎士の助けはやはりありがたい。もちろん、入ったほうが騎士らしい気持ちになれることは間違いない。

第6章　徴募と随行団

この契約書はウォリック伯トーマス・ド・ビーチャムと騎士ロバート・ハールのあいだで交わされるものである。ロバートは終生伯爵に仕え、国内外のどこへでも伯爵に随行して、四人の騎士とともに戦うものとする。

ウォリック伯爵とロバート・ハールの契約書
一三三九年

騎士は軍隊のエリート兵だ。騎士の数は騎兵の四人にひとりに満たず、当然のことながら、騎兵はたいてい一般の歩兵に比べるとかなり数が少ない。

騎士が軍役に就く場合、その見返りとして土地を受け取ることが多いが、一四世紀の初めごろまでには、四〇日間だけ奉公するという昔ながらの封建制度はほぼ廃れてしまった。フランスでは、貴族も騎士もどれほどのあいだ王に奉公すればいいのかさえわからなくなり、多くが義務の遂行を怠った。イングランドでは一三世紀に、領主が動員すべき騎士の定数が激減した。現実には、騎士にもほかの兵と同じように報酬が支払われるはずだが、まさかの緊急事態が生じて無報酬で働くよう求められることもある。たとえば、一三五五年にイングランドの侵攻に直面したフランスの貴族たちは、一か月ものあいだ自腹で働くと申し出た。新たに騎士になるなら、報酬がまずまずで、あわよくばボーナスがたっぷりもらえる公正な取引を探すべきだろう。

随行者

騎士になると、小規模ながら随行者、つまり従者を持つことができる。

✣ 一三七六年、マーチ伯に奉公すると同意したヒュー・チェイニーは、執事ひとり、武装兵三人、小姓ひとり、馬七頭を引き連れてきた。

✣ 一三七八年にベルトラン・デュ・ゲクランに仕えたジャン・ド・スポワには、別の騎士ひとり、騎士見習い一八人がいた。

こうしたさまざまな小規模部隊がまとまって大きな随行団を構成している。騎士の上位は旗（バナレット）騎士だが、そうなれば従者はおそらく二〇人を超えるだろう。フランスでは、騎兵を一〇〇人単位に分け、それぞれをバナレット騎士四人、騎士一六人、騎士見習い八〇人で構成するのが理想的な組織だと言われている。シャルル五世が一三七四年に出した勅令には、重騎兵は一〇〇人単位で行軍し、それぞれに司令官を置くよう明記されている。しかしながら、そのような決まった数を守ることは現実には困難で、随行団の規模を統一する試みは実際にはほとんど行われない。つまり、領主が有力で裕福であるほど従者の数も多い。たとえば、

- ‡ 一三四六年、エドワード三世の息子、黒太子は、バナレット騎士一一人、騎士一〇二人、騎士見習いと重騎兵二六四人、弓兵九六六人からなる随行団を率いていた。
- ‡ 一三七八年、ベルトラン・デュ・ゲクランの随行団は七二の部隊で構成されており、全体でバナレット騎士ふたり、騎士九〇人、騎士見習いが五六七人いた。

イタリアにはバルブータと呼ばれる基本部隊があり、騎士ひとりと小姓ひとりで構成されていた。一四世紀後半までに、その部隊構成は槍隊（ランス）に置き代わり、騎士、騎士見習い、小姓の三人になった。先のふたりが戦い、三人目は馬や装備の面倒をみるのである。ランスはそれぞれ約二〇人の騎士からなる旗隊（バナー）にまとめられる。

点呼名簿や帳簿には、騎士、騎士見習い、重騎兵、場合によっては弓兵にくわえて、小姓や召使いなどの非戦闘員も載せられている。一三〇二年にクールトレの戦いで敗れたフランス軍のもとへ、ポンテューから援軍として送られた派遣団の詳細を見ればよくわかる。それによると、派遣団は全体で騎士五人、騎士見習い二〇人、司祭ひとり、書記ふたり、執事六人、小姓

六一人、洗濯婦ひとりだ。馬は合わせて八四頭だった。つまり、戦う兵士は随行団全体のおよそ四人にひとりでしかない。

随行するのは戦時だけではない。契約の多くには模擬戦に出ることも明記されている。また、終身奉公するという契約であれば、平和時に領主につき従うことも含まれる。

入る随行団を選ぶ

戦時であれば、自分が参加する随行団はわかりやすい。随行団には領主の近親者、終生仕える指揮官、ときに借地人がいて、いつも特定の領主に連れ立って戦地に赴くのが一般的だ。よって、騎士の選択肢はおのずとかぎられる。けれども、随行団の構成は、極端な場合、一戦ごとに変わることもある。一三七〇～七一年のベルトラン・デュ・ゲクランの随行団を見ると、その期間のうちのどこかで総勢八三人の騎士が参加したことがわかる。兵の招集は一〇回あったが、そのすべてにかけつけた騎士はひとりで、一度しか顔を出したことのない騎士は一〇人いた。ほとんどは五～六回だ。

領主にも人気の有無がある。一三〇〇年、ある詩人は『カラヴァロックの歌 The Song of Caerlaverock』でロバート・クリフォードを絶賛している。

> 彼のことはいくら褒めても褒めすぎることはない。国王陛下に随行するいかなる者より

多くの知恵と思慮深さを持ち合わせている（中略）。もしわたしが若き乙女だったなら、身も心も彼に捧げるだろう。それほどまでに評判の高い人物である。

人々は長年にわたって繰り返しクリフォードの随行団に入った。一方、同時代のヘンリー・パーシーでは、同じ顔ぶれはそれほど長く続かなかった。また、避けたほうがいいような人物もいる。ブシコー元帥は軍人としての評判はいいかもしれない。だが、ワインを水で薄め、日に二度もミサに出て何時間も祈りに費やし、宗教的な作品や昔の英雄の歴史を読むことを強要する人間について行きたい気持ちになるだろうか。探すべきは、戦いで成功し、部下に対して気前がいいことで知られる人物だろう。提示されている報酬もチェックしたほうがいい。兵の報酬分として国家や領主から金を受け取っておきながら、それより少ない額しか兵に渡さない人間がいることはよく知られている。

軍旗を掲げる騎士。旗手は戦場でターゲットになりやすいため、危険な任務である。旗ごときのために自分の命を危険にさらす必要があるのかどうか自問したくもなるだろう。

パートナーシップ

別の騎士と契りを結んで兄弟分、つまり戦友になるのもいいアイデアだ。戦友は支援や助言をし合って、たがいに気を配る。戦につきものの損益を分け合うこともできるため、騎士につきまとう財政リスクも軽減できる。ロバート・ノールズとヒュー・カーヴァリーは長年にわたって戦友だった。一方、スペインでともに戦ったカーヴァリーとベルトラン・デュ・ゲクランのように比較的短期間だけ戦友の契りを結ぶ場合もある。

奉公の契約

特定の領主に仕えると決めたなら、文書で契約を交わしておくのが最善である。イングランドでは、契約書を二通作って各人が一部ずつ保管する形が取られる。契約は戦役ごとでも、終身でもかまわない。一三一八年、ピーター・ド・ユーデルは、平和時には四人の従者、戦時や模擬戦では八人の従者とともに、ヘレフォード伯に終身奉公する契約書を交わした。

ヘレフォード伯ハンフリー・ド・ブーンと騎士ピーター・ド・ユーデルは、以下の通り合意する。騎士ピーターは終生伯爵に仕えるものとし、伯爵の命により参じるときは、ほかの騎士同様、ローブと鞍、その間の食事、平和時には馬四頭分の干し草とオーツ麦、四人分の賃金、戦時ならびに模擬戦時には馬八頭分の干し草とオーツ麦、八人分の賃金を得るものとする。戦争で失った馬と武具の補填は伯爵が行う。

イングランド人はこのように契約条件をできるかぎり細かく記したがる。ほかの場所では、合意はたいていもっとシンプルだ。フランスでは契約書の保有者が「通例に従って」支払うことを約束し、契約期間についてはあいまいなことが多い。一三七八年に、あるフランスの騎士がナバラの王に仕えることを立派な文言で綴っているが、イングランドの契約書のような几帳面さはない。

偉大なる君主、畏れ多き領主であられるナバラ国王よ、わたくしはここに誓います。わたくしはこの王国とスペイン全土において、陛下ならびにそのご子息ご息女に忠誠心を持って仕え、わたくしがこの王国とスペイン全土にいるかぎり、いかなる名声や領土を持つ相手、いかなる状態にある相手にも立ち向かい、すべての邪悪と極悪非道から陛下の身と名誉を守り、悪事を働こうとする者を発見したなら持てる力を尽くしてそれを阻止すると同時に、ただちに国王陛下のお耳に入れ、なにがあっても秘密を守り、戦が続くかぎり戦い続けます。

馬に乗った騎士同士の衝突。槍と剣で戦っている。

コンドッタはイタリアで用いられる契約書のことである。傭兵を指すコンドッティエーレという言葉は単純に「契約した兵」という意味だ。こうした契約は、四ないしは六か月という比較的短い期間にかぎって結ばれることが多いが、ジョン・ホークウッドはフィレンツェの町と八か月契約を一回、六か月を数回にくわえて、四年という長い契約を結んだ。

もし領主と契約を結ぶなら、いくつかのものごとが見込める。

♰ 終身の契約を結ぶと、土地、もしくは領地から得られる収入を、報酬として受け取れる可能性が高い。

♰ 一年契約なら、報酬は単純に現金だ。

♰ 家臣としてローブが与えられる。随行団が全員同じ色の服を着ている姿はなかなか見応えがある。

‡　記章が与えられることもある。イングランドで特に人目を引く記章といえば、S字が組み合わさったような襟章で、ランカスター公の従者に与えられるものである。

報酬と徴募

一三四六年、エドワード三世は兵役に就くことを条件に一八〇〇人の犯罪者に恩赦を与えた。騎士ウィリアム・ロヴェルは「あらゆる種類の殺人、重罪、強盗、不法侵入、法律を無視した行為」を赦された。

法理論家オノレ・ブヴェによれば、騎士が一年間軍役に就くと合意して三か月で退役した場合、報酬はいっさい受け取るべきではない。

イングランド人騎士トーマス・ウトレッドの軍役は一三一四〜六〇年と、驚異の四六年間にわたった。

フランス王シャルル五世は一三八六年に総勢一万五〇〇〇人の騎士と重騎兵を徴募した。

一三三九年、ジョン・チャーネルズは、一五頭の馬の補償として三五〇ポンド一三シリング四ペンスを受け取ることになっていた。

報酬

騎士が受け取る報酬は報奨金というより、むしろ入隊手当に近い。例外的に、一三三七年にフランスとの戦争が始まった当初、エドワード三世は海外の戦地へ赴く覚悟がある者に二倍の報酬を約束した。だが、長期にわたって倍額を続ける余裕はなく、ほどなく騎士には一日あたり二シリング、騎士見習いはその半分という標準に戻った。

フランスでは一四世紀半ばから、報酬は騎士で日額二〇スー・トゥルノワ、騎士見習いは一〇スー・トゥルノワに保たれている。

現在金欠の状態なら、イタリアをめざすといいかもしれない。需要と供給の法則に従って、傭兵部隊はときに交渉を有利に進めることができる。一三五八年にドイツ人傭兵ハネケン・ボンガートと

戦争には金が必要だ。金銀さまざまな硬貨がある。図はすべてフランス王国で鋳造されたもの。

ともに仕事をしていたなら、月額六フロリンはもらえたはずだ。イングランド兵はドイツ兵よりも需要が高く、その五年後には都市フィレンツェから月額一〇フロリンを受け取っていた。一三八四年、パニックに陥った都市シエナは、月額一八フロリンという並外れた金額で槍隊（ランス）を雇った。一三八二年のホークウッドの俸給は、それまでにその都市が雇った兵や役人のだれよりも高額だった。

報酬にくわえて、騎士にはボーナスを受け取れる望みもある。イングランドではこれは「心遣い（リガード）」と呼ばれ、年に四回支払われる。イタリアでは、都市が支払う騎士へのボーナスは、会計上はローンということになっている。傭兵の需要が高ければ、有利な交渉ができるかもしれない。

失った馬の補償

一三四三年、アラゴン王ペドロ四世はバルセロナで憤った兵士たちと対峙することになった。兵は報酬と、戦役で失った馬の補償を求めていた。ペドロは報酬の支払いには応じるが死んだ馬の分を払うと合意した覚えはないと主張した。「長い議論と多くの口論」が重ねられたが、兵士たちは、いやなら軍をやめろと告げられた。

馬には多くの金がかかっている。それが戦場で殺されたり、遠征で死んだりしたときのために、なんらかの形で保険をかけておきたいと騎士が思ったとしてもまったく不思議ではない。

クレシーの戦いで、フランスは失われた馬の分の多額の請求に応えなければならなかった。馬の補償は高額になるだけでなく、事務的にも面倒である。馬の値打ちを見定め、いかさまを防ぐためのチェックが必要だからだ。驚くまでもなく、フランスとイングランドは一三七〇年代にそうした補償の支払いをやめた。かくして、一四世紀末期までには、よほど運がよくないかぎり、失った馬の補償交渉は成功しなくなった。

第7章　模擬戦と馬上槍試合

この試合においては、負けた回数が最多、馬から落とされた数が最多の者が、もっとも勇敢な強者と判定されるのが公のルールである

『エドワード二世の生涯 *Vita Edwardi Secundi*』

一三〇七年

模擬戦と馬上槍試合は騎士道の祭典で、騎士ならぜひとも参加したい。こうしたイベントは武器の扱いを披露する絶好の機会になる。ジョフロワ・ド・シャルニーなら最高の名誉は戦場で勝ち取れと言うだろうが、現実には実戦がきわめてまれであることにくわえて、混沌と混乱のなかで、自分の勇敢な行動が見落とされる可能性もある。したがって、模擬戦や馬上槍試合で力を証明するほうがずっとやりがいがあるだろう。仮に勝てなくても、馬から振り落とされれば勇気があると認められるかもしれない。

各地の模擬戦に参加して脚光を浴びるにはかなりの費用がかかる。ド・シャルニーが述べているように、それにふさわしい装備が必要だからだ。もちろん、闘志、腕力、技量がなくては

馬上槍試合は危険な競技である。ここでは槍の折れた騎士が馬から放り出されている。もしこうなってしまったら、勇ましい敗者になるのも悪くないと思い出そう。

ならない。うまくいけば、高い名声を得ることができる。たとえばサッカー（農民の競技）といったほかのスポーツでそこまで有名になるなど想像すらできない。

模擬戦（トーナメント）

　模擬戦はかつての形とは異なる。一二世紀には多くの事例で、模擬戦はあらかじめお膳立てされた本物の戦闘だった。集団の突撃から始まって、白兵戦（メレ）に突入し、場合によっては三〇〇〇人に上る大人数が参加した。騎士が捕虜になって身代金を取られたり、馬が戦利品として奪われたりもした。戦闘も真剣勝負で、地方の広大な土地で実施されていた。

今でも個人戦ではなく集団戦が行われることはあるが、人数は以前ほど多くなく、競技は通常狭い場所で実施される。さまざまな条件が設定されることもある。たとえば、木の城が建てられて、ひとつのチームがそれを守るような例もあるだろう。

実際に戦っているときには、模擬戦と実戦の違いはほとんど感じられないが、歩兵が参加しないため、恐ろしい矢の嵐に襲われる心配はない。実戦に比べれば模擬戦で命を落とす可能性は低く、敗者側になっても身代金を払う必要はない。装備がやや異なるとはいえ、模擬戦は貴重な訓練になりうる。

模擬戦にはたくさんの形式ばった手続きがあり、戦う前にいくつかなすべきことがある。

- ☩ 模擬戦の開催を布告、宣伝して、審判を選ぶ。
- ☩ 参加者の旗、兜、兜飾りを発表する。
- ☩ 相対する二チームのレベルが同じになるように参加者を選ぶ。

実際の競技が始まる前は二日にわたって踊り

模擬戦は戦うだけのものではない。旗の掲揚と儀式も大事だ。この使者は参加者の旗を掲げている。

や酒宴、参加者のパレードなどが催され、お祭り騒ぎだ。

三日目、ようやく戦闘が行われる。両チームともロープで囲まれた場所で待機し、号令とともにロープが切られて、開戦だ。観客がひいきのチームに大きな声援を送り、ラッパの音が鳴り響く。白兵戦が続くなかで、小姓が落馬した者のところへかけより、再び馬に乗るのを手伝う。イングランドの名高い詩人チョーサーが模擬戦のようすを語っている。

見えるのは、馬に乗り、槍で戦う男たち
厚い盾で槍の柄が折れる
胸の骨が衝撃を受ける
槍が六メートルの高さまで跳ね上がる
引き抜かれた剣は銀のようにまばゆい
彼らは兜を割ろうとたたき斬る
後頭部から血がほとばしり、真っ赤に流れる

やがて審判が試合終了を告げ、退却のラッパが鳴る。その晩には

イングランドの写本から、馬上槍試合を行う騎士。盾と兜は最新のスタイルだ。馬も正装して、騎士の紋章で飾られている。

さらなる宴が開かれ、いろいろな賞が与えられる。それらは、

✣ 最高の一撃を繰り出した（いわゆる「最優秀選手」）
✣ 折った槍の数が最多だった
✣ 兜を守った時間が最長だった

などの賞である。

実戦を模す方法はいろいろだ。たとえばベウールと呼ばれる戦闘では、先が尖っていない軽量武器を用い、革のようなやや弱い材質の鎧を身につける。本格的な模擬戦ほど実戦に近くはないが、腕を磨くにはうってつけである。

馬上槍試合

馬上槍試合はふたりの騎士の一騎討ちで、模擬戦とはまったく異なる。たいていは三回勝負で、馬に乗ったふたりが左側ですれ違うように向き合い、突撃しながら槍で相手を打つ。この競技は一三世紀に頻繁に行われるようになった。馬上槍試合は本格的な模擬戦に

先立って、前日に行われることが多い。

とりわけ有名な過去の選手といえば、自身の経験を詩に残しているドイツ人騎士ウルリヒ・フォン・リヒテンシュタインである。ウルリヒはかなり珍しいことに女装を好み、女神ウェヌスに扮して旅をして、道中で数えきれないほどの馬上槍試合や模擬戦に参加したと語っている。すべては自分が慕う貴婦人への、報われることのない愛のためだった。

かくしてわたしは女人の服を着た
すべて最高の装いだ
帽子につけたクジャクの羽根は
正直言って、なかなか愛らしい

ウルリヒはほかの点でも風変わりだった。あるとき彼は風呂を用意させたが、そのときふたりの小姓が浴槽いっぱいにバラの花びらを浮かべた。不思議と彼はその体験を楽しんだと見える。もし実名ではなく仮名で模擬戦に参加するつもりなら、ウルリヒという名はなかなかの候補だが、それを使う場合は、このウルリヒの故郷であるシュタイアーマルクではなくヘルダーラント出身とでも言っておいたほうがいいかもしれない。

得点

点数のつけ方は複雑で、催しごとに異なる。馬上槍試合では、最高点はたいてい相手を落馬させたときに得られる。次は自分の槍を折ったときで、三番目は相手の兜を突いたときだ。模擬戦全体の「最優秀選手」賞はもっとも際立っていた人物に贈られるが、さまざまな解釈があり、何度も落馬して勇敢であるところを見せた人物こそ称賛に値するとみなされることもある。

腕達者な選手になりたいのなら、学ぶべきテクニックはたくさんある。馬を巧みに操ることはもちろん重要だが、いろいろなものごとを同時に考えながらこなすのは容易ではない。馬はまっすぐ走らせること。馬がコースをはずれないように、また間違っても相手の選手の前を横切ってしまわないようにする必要がある。スペインではふたりの選手のあいだが障害物で仕切られているため最悪の事態は避けられるが、フランスとイングランドではまだそうした対策に目が向けられていない。

大きすぎる槍で力を見せつけようとしないこと。自分が重い槍で低く突き、相手が軽い槍で高く突いてきた場合、馬から落ちるのは自分のほうだ。バランスをくずして落馬しそうな大きく立派な槍より、扱いやすい中型のもののほうがずっといい。馬にとっても軽いほうが走りやすい。相手の行動をよく見て考え、自分の戦術をそれに合わせること。衝突する一瞬前に目を閉じたくなるが、そんなことをしてはいけない。肩を外側に向けないよう注意しよう。エドワード・ボーシャンは一三八一年の馬上槍試合でうっかりそれをやって、馬から落とされた。

ウルリヒ・フォン・リヒテンシュタインは馬上槍試合のテクニックを知り尽くしていた。自分の勝負のひとつを自慢している。

（相手を突き落として、ぶざまに

相手から少しだけ体を背け

大の字にひっくり返すつもりで）
それから首元を突いた。
向きを変えて突くその巧みな技に
騎士オットは馬からほとんど振り落とされそうになった。

覚えておくべきキーポイントをいくつか挙げておく。

✣ 長い鐙に足をかけて背筋を伸ばして馬に乗り、左手で手綱を握る。
✣ 扱いやすい重さの槍を使う。
✣ 兜は必ずまっすぐかぶり、前がよく見えるようにする。
✣ 槍は指先だけでなく手のひらでしっかり握る。
✣ 槍の先が上下に傾かないようにする。
✣ 肩をひねったり反らしたりしない。
✣ 相手が毎回同じ場所をねらってくる場合は、戦術を変える。
✣ 自分の槍先ではなく、ターゲットに視線を合わせ続ける。

右ページ：この勝負では左側の騎士が高い点を得るだろう。相手を馬から落とし、槍を折っている。両者を隔てる柵は数年前にスペインで誕生した。
左：馬上槍試合用の兜と盾。

サン＝タングルヴェールの馬上槍試合

馬上槍試合がよくわかる例として、一三九〇年にひと月以上かけて、目下のところイングランド領であるカレーの郊外、サン＝タングルヴェールで行われた有名な対戦がある。自分が達人でないかぎり、この種のものごとにはかかわらないほうがいい。

ブシコー、ルノー・ド・ロワイエ、サンピー卿の三人のフランス人がサン＝タングルヴェールに陣を張って、自分たちの挑戦を受け入れる者とならだれとでも戦う用意があると宣言した。ふたつの盾が掲げられた。ひとつは戦時の一騎討ち、もうひとつは、平和時の一騎討ち（先端が尖っていない武器を使用する）を表していた。挑戦者はいずれかの盾をたたいて、戦い方を選ぶ。このときは停戦期間だったため、この催しはスポーツイベントでありながら、実戦の色合いも帯びていた。およそ一〇〇人のイングランド人挑戦者が現れ、みながみな戦時の勝負を望んだ。三人のフランス人はもちろん十分に強かった。それほど何度も戦うには相当なスタミナが必要だったろう。結局、ブシコーとド・ロワイエは一連の槍試合であざだらけになり、一週間以上休養しなければならなくなった。

とりわけ盛り上がったのは、ジョン・クリフトンとルノー・ド・ロワイエの対戦だ。

✣　一回目――どちらも相手の兜を突いた。

‡ 二回目——どちらも相手の盾を突き、自分の槍を落とした。
‡ 三回目——どちらも相手の兜の上部を突き、火花が散った。
‡ 四回目——双方の馬がまっすぐに走らなかった。
‡ 五回目——どちらも槍が折れた。
‡ 六回目——どちらも相手の兜に当て、両者の兜が脱げた。

同点決勝戦はない。名誉は等しく授けられ、ふたりの騎士はその戦いぶりに大きな称賛を浴びた。

サン＝タングルヴェールの馬上槍試合には豪勢な食事と祭りの雰囲気が伴われていた。試合は技能とスタミナの究極の試練であると同時に、盛大な社交の場でもあった。

フランス軍旗

さまざまな武器を用いた戦闘

前世紀の終わりまでに、勝負では馬上槍試合だけでなく、さまざまな戦闘、とりわけ剣、斧、短剣の戦いも挑まれるようになった。最近では、それぞれ異なる武器を用いる四回勝負が多い。一三七七年、サントメール、アルドル、カレーの三か所で、イングランドとエノーからの一二人の騎士とフランスの一四人による競技が開かれた。そこでは馬上の槍、馬を使わない槍、剣、短剣でそれぞれ対決することになっていた。騎士ならば、武器を扱うスキルを試す絶好の機会であるこうしたイベントにぜひとも参加したいところだが、注意が必要である。この種の戦闘は危険であり、もしかするとそのせいかもしれないが、実際の戦いではなく執拗な口論に終わることが多いからだ。

一四〇〇年、アラゴンの騎士見習いミシェル・ドリスが、イングランドの騎士たちに挑戦状を出した。イングランドの騎士と戦うまでは、はき心地の悪い足用の鎧を脱がないと誓いさえした。彼は戦闘の条件を細かく指定した。

バトルアックスを用いて攻撃が一〇回当たるまで休みなく戦う。攻撃が一〇回に

右上：模擬戦の前にはしっかりと準備を整えよう。剣と槍だけでなく短剣で戦うことになるかもしれない。
下：近ごろは実戦を反映して、騎士が馬に乗らずに戦うことが一般的になりつつある。さまざまな武器が用いられるが、図の騎士は長柄斧（ポールアックス）で戦っている。

達したところで審判が「やめ」と告げる。次に剣を用いて攻撃が一〇回当たるまで、休んだり鎧を着替えたりすることなく戦う。審判が「やめ」と告げたら、短剣に持ち替えて、一〇回突き刺すまで戦う。いずれかが武器を落としたり失ったりした場合は、審判が「やめ」と告げないかぎり戦い続ける。

馬に乗らずに戦ったのち、対戦者ふたりは、一方が落ちるか、負傷して戦いを続けられなくなるまで馬上槍試合を行うことになっていた。ジョン・プレンダーガストが挑戦を受け入れたが、郵便制度などない時代だったため手紙が遅れて口論になり、言葉の暴力の応酬が始まった。「貴殿の行為は無礼であり、品位に欠ける」とドリスは書いた。しまいにはプレンダーガストがそのアラゴン人に三三三ポンドの経費を請求した。そして最初の挑戦状からおよそ四年後、この一件は取り下げられた。戦闘は一度も行われなかった。とにもかくにも、まずは口論にならないようにしよう。

見どころとプロパガンダ

模擬戦はときに危険な憂さ晴らしとみなされて、政府やローマ教皇から非難される。現在のイングランド王ヘンリー五世の意見も同じだ。若いころは熱心に競技に参加していたエドワード一世でさえ、騎士たちがスコットランドとの戦争よりそちらに夢中になっていると思い、模擬戦を禁じた。けれども、これほど人気がある競技の開催を阻止することなど不可能である。一三一六年、ローマ教皇はあきらめて反対意見を撤回した。一三三八年、フランスのフィリップ四世は対イングランド戦争中の模擬戦を禁じたが、エドワード三世はそれとは逆におおいに奨励した。模擬戦は自分の国家事業に参加するよう騎士や貴族をたきつけるよい方法だと考えたためである。カスティリャのアルフォンソ一一世もまた、模擬戦を実戦に役立つ訓練とみなして力を入れていた。飾り帯の騎士団では集会ごとに模擬戦が行われた。

多くの模擬戦には、かなり芝居がかった要素が含まれている。

✣ 一三三一年、ロンドンのチープサイドで開かれた模擬戦ではまず、乙女たちが先頭に立ち、タタール人の装束を着た騎士たちが街路を練り歩く行進から始まった。

✣ 一三五九年、エドワード三世と息子たちは、貴族の集団とともに、模擬戦に合わせてロンドンの市長と市会議員の装いで登場した。

✣ 一三六二年のチープサイドの模擬戦では、七人の騎士が七つの大罪の姿で、ほかの参加者を相手に馬上槍試合の勝負に挑んだ。

歴史や神話をテーマに模擬戦を演出することが流行り出したのはおそらく北海沿岸の低地帯諸国からである。そこでは試合が市民の祭典として発展した。「円卓」と銘打ったイベントに行けば、アーサー王伝説を模した展開になっているだろう。けれども、こうした催しでは特に、戦闘よりも酒宴や踊りのほうが主流である。競技よりショーや見世物に重きを置く傾向はますます高まっているようで、本格的な装備よりおしゃれな衣装を着ている時間のほうが長いかもしれない。

模擬戦は王家の催しにも利用される。一三八九年にフランス王妃イザボーがパリに入ったときには、壮大な式典と騎士六〇人による模擬戦が行われた。残念なことに、馬の蹄が巻き上げる土埃で観客にはなにが起きているのかよく見えず、二日目の催しでは地面に水が撒かれたが、やはり見えなかった。けれども、最終戦は満足のいくものになった。この催しのために建てられた大きなホールのなかで行われたためである。そこではブシコーをはじめとする騎士たちが、二時間にわたって馬上槍試合を披露して貴婦人たちを楽しませた。

目立ちたければ、兜の上に凝った飾りをつけることもできる。これらは馬上槍試合や模擬戦のためのもので実戦用ではない。

模擬戦と馬上槍試合

ハンガリー王は、馬上槍試合で歯を三本失った騎士に、代わりに三つの村を与えた。

ボヘミア王ヨハンは、自分が模擬戦に勝ったときにすばらしい贈り物をくれたという理由で二番目の妻を選んだ。

エドワード三世は一三四二年にロンドンで開催された模擬戦に五〇〇人の貴婦人を呼び集めた。

一三七五年、エドワード三世の愛人アリス・ペラーズが、ロンドンの模擬戦のパレードで参加者を先導する役目を担った。

一三八三年、サヴォイア伯は一度の馬上槍試合で四七本もの槍を折った。

賞品

模擬戦ではたいした賞品はもらえないと思ったほうがいい。栄誉と、すばらしく運がよければ美しい乙女の手に触れられるだけだ。称号を得られる可能性はある。ジャイルズ・オブ・アージェンタインは多数の模擬戦における勝利のひとつでグリーンウッドの騎士となり、のちにキリスト教世界全体で三番目にすぐれた騎士として高く評価された。賞品には次のようなものがある。

‡ 一三九〇年のロンドンでは金の台座がついた角、金の首輪をつけたグレイハウンド、金のサークレット、金のベルト。

‡ 一四〇六年のフィレンツェでは銀箔のライオンとビロードの帽子、銀のドラゴンの頭がついた兜、色づけされた羽根で作られたふたつの翼飾りがある馬上槍試合用の兜。

馬が手に入ることもあるが、主要な賞品としてではない。対戦相手を突いて完全に馬から落としたときに、その馬を奪えるのである。同様に、相手から反則攻撃を受けた場合にも、相手の馬を自分のものにできる。自分と相手の双方が落馬した場合は勝負が決まらないため、議論の余地がある。ジョフロワ・ド・シャルニーが問題を提起しているが、

模擬戦ではできるかぎり見栄えをよくしよう。乙女たちにアピールする絶好の機会だ。

結論は記録されていない。

注意点

模擬戦の多くは戦闘より儀式としての色合いが濃いとはいえ、それでも注意が必要だ。槍は危険で、悲劇は起こりうる。次に挙げるできごとを教訓にするといい。

- ジョン・モーティマーは一三一八年の模擬戦で殺された。
- 一三四四年、フランス軍司令官だったウー伯ラウルは、フィリップ六世の結婚を祝うために開催された馬上槍試合で槍の一撃を受けて死亡した。
- ソールズベリー伯ウィリアム・モンタギューは一三八二年の模擬戦で自分の息子を殺してしまった。

しかしながら、注意すべきは槍だけではない。模擬戦に伴う祭典にも危険が潜んでいる。凝った衣装でさえ危ない。一三九三年、フランス王と数人の廷臣が蛮族に扮した。うっかりひとりに松明の火が燃え移り、何人もが大火災のなかで命を落とした。フランスの宮廷では安全と健康の管理が求められる水準に達していない。

第8章　遠征

戦地では、俊敏な軍馬にまたがって、盾を背負い、槍を下ろして進むうちに、ひどい寒さに感覚が麻痺して、前にも後ろにも手足が動かなくなり、そこへ敵が迫ってくる。

『鷺（さぎ）の誓い *The Vows of the Heron*』

一四世紀半ば

ほとんどの場合、遠征は楽しいものではない。つらく厳しい歩みだ。騎士として活躍できる場面を期待しても、荒涼とした田舎を馬で進むだけで敵と交戦しないことはよくある。

いつ行くのか

一年を通していつでもすぐに出かけられるようにしておかなければならない。おそらくその点についてはあまり選択の余地はない。気候がよくて食料がたくさん手に入る時期に行くのが理想的であることはわかりきっている。つまり夏の終わりだ。イングランド軍が遠征したクレシーの戦いは八月二六日、ポワティエの戦いは九月一九日だったと心に留めておこう。しかしながら、ものごとがいつもそこまで都合よく進むとはかぎらない。もっと遅い時期に戦地へ赴く可能性もある。

‡　秋の遠征は通常、とりわけヨーロッパ北部では、ぬかるみを意味する。地面は人間、馬、荷車でぐちゃぐちゃになっている。

‡　冬は雪をもたらす。冬にバルト海沿岸地方へ遠征すると恐ろしく寒いだろう。一三三九年二月に、パラビアーゴの戦いが行われた北イタリアのロンバルディアで雪が降ったのは、どちらかといえば想定外だった。

‡　春は気候としては遠征向きだが、食料が不足する。イタリア北部ではアルプス山脈の雪解け水でロンバルディアの河川が増水し、軍隊の移動に支障が出る。

‡　夏は遠征に最適な時期だが、ヨーロッパ南部ではかなり暑いことがある。

いつ行くかを決めるにあたって科学的な方法を用いることができる。ひょっとするとそうするべきなのかもしれない。一三九一年一月一一日午前五時三〇分、ジョン・ホークウッドの軍勢がパドヴァを発った。その正確な時刻は、占星術師アレッシオ・ニコライの助言に基づいたものだった。

招集

軍の招集はさまざまな作業を伴う。たくさんの異なる部隊に属する兵のリストを作成し、場合によっては報酬をめぐる最終的な合意を交わさなければならない。軍の主要な大隊のどこにだれを配属するか、戦いに向けてどのように編成するかをめぐる議論もおそらくあるだろう。部隊が次々に集まってくるため、招集には数日かかる可能性が高い。ただ待つのは退屈かもしれないが、暇つぶしのための訓練はおそらくない。

宿営

戦術に関するウェゲティウスの書を読めば、ローマ人の宿営地がいかに整然としていたかがわかるだろう。すべてが入念に計画され、配置されていた。昨今の宿営にそのような状況を期待してはいけない。進軍にあたっては、前もって先遣隊が送られて設営に適した場所を探す。運よく町か村が見つかれば、家屋を徴用できることもある。だれがどこに行くかを決めるのは司令官だが、往々にして各自が勝手にやる状態になる。全員分のテントはない。チョーサーはトパス卿の話のなかで次のように描写している。

そして彼は勇敢な騎士だったので

上：シエナにあるこのフレスコ画からわかるように、司令官たちには立派なテントが与えられるが、一般の兵士は簡素なシェルターで間に合わせなくてはならない。

左：野営地で敵に襲われたら、テントはなんの防御にもならないうえ、あっけなく倒壊する。

いかなる家にも泊まることなく
頭巾をかぶって横になった。
輝く兜が枕の代わり
その傍らで
彼の軍馬が青々とした草を食む

一三二七年、イングランドのスコットランド戦役では、騎士も一般の兵士もタイン川の近くで、馬の手綱を握りながら野宿した。移動速度が遅い大規模軍に参加していれば、状況は異なるかもしれない。後方支援部隊が保管しているテントなどの装備が使えるためだ。一三〇〇年にスコットランドに遠征したイングランド軍の宿営地の描写が『カラヴァロックの歌』にある。

司令官が宿営を命じた。すると大工も石工もいないのにさまざまな形の家が建てられる。ひもが引かれ、白地や色地の布が使われ、地面にたくさんの杭が打たれ、小屋を作るたくさんの大木が切り倒される。森では木の葉、ハーブ、花が集められて、部屋のなかに広げられる。そうして兵たちが宿舎に入った。

数々の話によれば、イングランド王エドワード一世はスコットランド遠征時、巨大な革のテントひと張りと新しいキャンバス地のテントを二〇張り持っていたという。一見とても魅力的だ。けれども実際にはまったく快適ではない可能性もある。ちゃんとした掘り込み便所はおそらくない。そして雨が降ればどんなに豪華なテントでも浸水する。

行軍

行軍の準備は通常次のようになる。

✠ 全員に行き先がわかるように、旗を出して掲げる。
✠ 最初のラッパが鳴ったら、馬を集めてオーツ麦を与え、鞍をつける。
✠ 二番目のラッパが鳴ったら、食事をとる。
✠ 三番目のラッパで、甲冑を身につけ、武器を手に取る。
✠ 四番目で、馬にまたがり、指定された旗のもとへ向かう。それから出陣だ。

総軍が結集しての行軍は壮観である。一三〇〇年にエドワード一世がスコットランド南西部に遠征したときのようすも『カラヴァロックの歌』にある。

当日、全軍が準備万端だった。コートやサーコート姿ではなく、力強く華麗な軍馬にまたがり、不意をつかれないようしっかりと武装して、親愛なる国王陛下が家臣とともにスコットランド軍との戦いに向けて発たれた。シルクやサテン地に刺繍が施された豪華な馬飾りがたくさん見えた。たくさんの美しい槍旗がはためいていた。たくさんの軍旗が掲げられていた。そしてはるか遠くから馬のいななきが聞こえた。山も谷も、荷馬と、食料や大小のテントを積んだ荷車で埋めつくされていた。

おそらく実際の軍勢の動きはばらばらだろう。全員が決められた順序通りに行軍できるはずもない。ただし、前衛、本隊、後衛の区別はある。斥候が先に送られて地形や敵の情勢を探るはずだ。実際には、さまざまな縦隊が異なるルートを進むことがよくあり、落伍者もたくさん出る。おそらく、一日が終わるころには騎兵が歩兵よりもかなり前に進み、物資の輸送隊は相当に遅れをとるだろう。そうして軍全体が広大な田舎に果てしなく広がる。多数の歩兵と輸送部隊を抱える大規模な本隊はゆっくりとしか進まない。一三五九年にエドワード三世の軍隊がカレー

軍隊の行進。部隊の縦列は何キロも続くことがある。

からランスに移動したときは一か月かかった。一日平均八〜一〇キロ程度の速度である。けれども、騎兵の突撃（シュヴォシェ）となれば話は別だ。一三五五年にガスコーニュからナルボンヌまで突撃した黒太子は、一日におよそ四〇キロ以上進んだ。馬を飛ばすとくたくたに疲れる。アラゴン王ペドロ四世は一三六四年にそれを悟ったようだ。

馬から下りたとき、みな長い一日をぼやいた。われわれも臣下の者も、食事中さえ鞍にまたがったままで、一日中馬から下りることがなかったからだ。馬から下りたわれわれは寝床に倒れ込み、体のあちこちが痛いとこぼした。このような強行軍はもう懲り懲りである。

遠征は馬に乗っていてもつらいが、徒歩も同じである。黒太子の一三五五年の突撃では、歩兵用の水がなかったために、やむなくワインが与えられた。翌日、千鳥足の歩兵たちはしっかりした足取りで進むことができなかった。結果として多くが落伍した。

食べ物

遠征でおいしいものが食べられると思ってはいけない。スペイン人グティエレ・ディアス・デ・ガメスによれば、食事はおそらく「かび臭いパンかビスケット、火が通っていたりいなかったりする肉で、今日は十分に食べられても明日はまったく食べられないかもしれず、ワインはほとんど、あるいはまったくない」。それでも、遠征は体力を使うため、たくさん食べなくてはならない。基本食は粗く挽かれた穀物で作られたパンである。穀物と乾燥豆を煮込んだスープのようなものにもありつける。肉や魚は捕まえた獲物次第だ。遠征ではできるかぎり現地のものを食べて暮らす。スコットランド人は手に入れた畜牛をうまく処理して――皮をはぎ、その動物の皮で作った袋に肉を入れて茹でて――いた。アラゴン王ペドロ四世が一三四三年にマヨルカを侵略したときは、彼の歩兵隊だった傭兵集団アルモガバルスが「土地を侵略して、大小さまざまな動物を持ち帰ったので、わが軍勢には肉が十分にあった」という。

言うまでもなく、水はけっして飲んではいけない。慣れることなど絶対にない。飲んでしまうと次の日はほぼ確実にひどく具合が悪くなる。軍隊に食料を配布する仕事でもっとも重要なのは、必ず十分な量のワインとエール（ビールの一種）を用意することである。うまくいか

遠征の成功には食料の供給が不可欠だ。『ラトレル詩篇 Luttrell Psalter』のこの場面では、勝利を祝うかのような豪華な食事が準備されている。

ないと、とんでもないことになるからだ。イングランド軍が一三五六年にスコットランドに遠征したときには、雨水以外に飲むものがなくなり、作戦が中止された。ひとりあたり一日約四リットルと考えると、必要な飲み物の分量はかなり多い。酔っ払うことは遠征のみじめな状況と折り合いをつける手段のひとつでもある。

遠征中、敵軍に状況を把握されて、これから侵略に向かう土地をもぬけの空にされてしまうと、大きな問題に直面する。軍隊にとっては命取りだ。一三二二年にイングランド軍がスコットランドに侵入したとき、そこにいたのは歩けない牛一頭だけだった。

食料が豊富にあっても、騎士たるものは質素であらねばならないとド・シャルニーは語っている。ブシコー元帥は以下を強く勧めている。

- ✣ 肉は一種類。
- ✣ 凝った味つけはしない。
- ✣ 水で薄めたワイン。
- ✣ 皿は金銀ではなくブリキか木製。

これはひとつの理想だが、もし自分の軍勢が町を占領して、そこにたくさん食べ物があったら、それなりのごちそうを期待したくもなるだろう。食事を改善したければスパイスを持っていくといい。イングランド王ヘンリー四世が遠征に出たときの荷物には、ジンジャー、クローブ、氷砂糖、ナツメグ、胡椒、サフラン、キャラウェイシードが含まれていた。しかしながら、食事にうるさすぎるのも困りものである。鶏のもも肉と手羽しか食べなかったフォア伯ガストンのようになってはいけない。

遠征時の食事は歯によくない。携帯用の石うすを使って穀類を手で挽くため、パンに砂がたくさん入っており、それを嚙むうちに、奥歯が削られて平らになってしまう。

土地を荒らす

軍の主要な攻撃手段のひとつは、敵の領土の破壊である。騎兵の突撃（シュヴォシェ）はとてつもないダメージを与えられる。ジョン・ウィングフィールドが一三五五年の黒太子の急襲を書簡にしたためている。

> 陛下、朗報でございます。殿下はアルマニャック伯領を襲撃していくつかの町を占拠し、それ以外の多くの城壁都市を陥落させて、破壊し、焼き払われました。それから、リヴィエール子爵領へ赴き、そのあたりの主要な町であるプレザンスを奪い取り、焼き払って、周囲の田園地帯を荒廃させました。

この書簡には焼かれて壊された場所の名前が延々と記されている。ある年代記には、黒太子の襲撃によって一一の美しい都市と三七〇〇の村が徹底的に破壊されたとある。主要な攻撃手段は火だ。ヘンリー五世の言葉を借りれば、「火のない戦争はマスタードのないソーセージのようなものである」らしい。アラゴン王ペドロ四世にとっても火はむろん戦いの一部だった。彼はある遠征時の自軍の進捗について、ごく当然のようにこう記している。

> まずはムルヴィエド、それからアルクブレスで夜を過ごして、行く先々で先述のドン・ペドロの領土を焼いて破壊した。すでにどこにも人影はなく、すべてが燃やされた。

実際の破壊行為は一般兵に任せることもできる。イタリアの傭兵集団は破壊を専門とするグアスタトーレを雇ってさえいた。一三七一年、傭兵のルッ・フォン・ランドーと

騎士と重騎兵が農民の一団を襲撃している。戦争の法や協定は実質的に、非武装の一般市民をほとんど保護していない。そのため農民はしばしば兵士の手でひどく傷つけられた。

フェデリコ・ダ・ブレシアは残忍な襲撃を行い、二〇〇〇軒もの家屋を焼き払った。彼らが火を放ったあと、ムグナノ・ディ・クレタの町に残った建物はひとつもなかった。木造家屋は火をつけやすい。たとえ石造りでも床が燃えやすい木だったり、屋根が藁葺きだったりする。

家畜は殺してもいいが、盗んだほうがいい。ジョン・ホークウッドは一三八五年、イタリアの一度の襲撃で一二〇〇頭を超える牛、合わせて一万五〇〇〇頭を超える豚と羊を手に入れたと言われている。裕福な修道院の領地から牛や羊を奪うと、たいてい相手が買い戻そうとする。よって、何度でもそこへ侵入して奪うことができる。

居住者を皆殺しにするのはよくない。身代金をせしめるほうがはるかに有益だ。農民からでさえ、自由と引き換えに金を取り立てることができる。ハネケン・ボンガートはあるとき、裕福な慈善施設の領地で農民を捕虜にして、ひとりあたり三一フロリンの身代金を手に入れた。年代記作家ジャン・ド・ヴェネットはフランスの小作農に同情している数少ない人間のひとりである。

貴族は小作農を虐げることしか頭になく、死ぬまで彼らを働かせるばかりで、敵から守ってやることもしない。ゆえに哀れな小作農は敵味方を問わず四方八方から迫害され、双方に貢物を捧げなければぶどう園や畑を耕すことすらできない。

こうした行動は騎士になるときに受け入れた騎士道の理念に反するとも考えられる。理論家オノレ・ブヴェは著書『戦の系図 *The Tree of Battles*』で、貧しい人々が苦しむべきではないと唱えている。

> 野原の自分の羊のそばで、あるいは生け垣や藪に隠れて、乾燥して硬くなったパンを食べるだけで精一杯の哀れな無実の人々。彼らを攻撃することに名誉や武勇を見いだすことができるかと問われれば、心に誓って、わたしにはできない。

労働者に戦いの矛先を向けることは騎士道の伝統に反している。戦士は正義を守り、未亡人、孤児、貧困者を保護することに関心を抱くべきだ。ブヴェはそう苦言を呈している。実際には、騎士はおそらくその点について深く考えていないだろう。略奪と横領は戦争につきもので、そうした汚い仕事を実行するのは騎士ではなく一般の兵だからだ。領土に火を放っても、それを止めようと浅はかな行動に出る愚か者でないかぎり、だれも死なない。どのみち、農民は騎士道の世界とはなんの関係もなく、立場が逆なら情けなどかけてくれないのだから、同情する必要がどこにある？　一三五八年のフランス農民一揆では、農民たちが騎士を火あぶりにして、その肉片を彼の妻や子どもたちに無理やり食べさせた。

規律

『戦の系図』によれば、罰として死刑を科すべき罪はいろいろある。たとえば、

- ♰ 司令官を襲った。
- ♰ 機密情報を敵に漏らした。
- ♰ 仲間を殺した。
- ♰ 自害した。

最後の例にどうやって罰を与えるのかはよくわからないが、これらを見ると規律はかなり厳しいように感じられる。もっとも、実際にはそれほど厳密には守られていない。兵に報酬が支払われていなければ、なおのこと守らせるのは難しい。騎士は、こうした規律に縛られるというよりむしろ兵に規律を課す立場にある。

軍の統制は元帥や総司令官の責務で、騎士はその副官のような役割を果たす。兵がたがいのものを盗むといった軽い罪を犯さないようにすることが騎士の仕事の大半である。行軍のあいだは、兵が先頭の軍旗より前に出ないよう注意する。それが重罪だからだ。自分に権限がないのに「馬に乗れ！」と号令をかけるのも大きな規律違反である。自分の兵はしっかりと指揮下

とになっている。

に置かなければならない。一三七四年のフランスの法令では、騎士が兵の行動の責任を負うことになっている。

イングランド人はやや入念に軍規を作っている。一三八五年にリチャード二世が一連の規律を定めており、規律に厳格なことで知られるヘンリー五世はそれを上回る四つの軍令を出した。これらはかなり細かい。監視は適切に行う、命令がないのに勝手に馬で移動してはいけないなど、目立った問題行動に触れている。宿舎に泊まるときは先遣隊の指示に従わなければならない。敵を捕虜にしたときの手続きに関する規則もあり、上官の許可がないかぎり勝手に身代金を要求してはいけないことになっている。ヘンリーは、イングランド人、アイルランド人、ウェールズ人を物笑いの種にしてはいけないとさえ命じている。

フランスの元帥ブシコーは規律の問題におおいに関心を抱いていたが、いったいどのように自分の責務を果たしていたのか、詳しいことは彼の伝記からはわからない。しかしながら、彼は周到に経験豊富な士官を部下に任命し、彼らに背いた者がみな罰せられていた。道徳にうるさかったブシコーは、サイコロ賭博を禁じ、悪態をついた者は厳罰に処すと脅している。もっとも、実際に兵が汚い言葉で罵るのを止めることが可能かというと、かなり疑わしい。

一三七〇年、ロバート・ノールズは手に負えないほど大きな規律の問題に直面した。当時彼はフランス相手に大規模な襲撃を率いていた。それほどの規模の軍事作戦で伯爵が指揮していない事例は初めてだった。作戦はうまくいかなかった。領土を侵略して人々を追い払うといういつもの手に、フランス軍が慣れてきたからだった。そこへ、自分たちより身分が低い生まれのノールズを指揮官と仰ぐことに不満を抱いていたジョン・ミンスターワースらが反乱を起こした。かくして秩序が崩壊した。ただし、このような事態はまれである。通常は、ノールズほどの軍事専門家ならきちんと尊敬される。

傭兵部隊だと規律の維持が容易ではないこともある。ジョン・ホークウッドは、自分の命令に背いたら処刑するとウィリアム・ゴールドとその仲間たちに圧力をかけなければならなかった。ふたりの部下が若くて美しい修道女を巡って争っていたとき、ホークウッドがその女性を刺して、どちらも手に入れられないようにしたという話もある。もっとも、こちらはおそらく、この偉大なる指揮官の敵が流したプロパガンダだろう。

ロバート・ノールズ

チェシャー出身のノールズは一三四〇年代のブルターニュ地方の戦いで頭角を現し、一三五六年にはランカスター公とともにノルマンディーに赴いた。一三五八～五九年にはフランス中央部で注目に値する破壊的な襲撃を行い、一三六〇年代はブルターニュとスペインで戦った。一三七〇年のフランスでの襲撃には失敗したものの、彼は戦で中心的な役割を担い続け、一三八一年にはイングランドの農民一揆、ワット・タイラーの乱を静めるほどの影響力を持つようになった。同じくチェシャー出身のヒュー・カーヴァリーとは契りを結んだ戦友。戦争によってたいそう裕福になった。一四〇七年死去。

医療

遠征中には医療が必要にならないよう、できるかぎり注意しよう。受けられる医療がおそらくかなり不快だからだ。ムランの攻囲戦で石に当たって倒れ、堀に投げ込まれたベルトラン・デュ・ゲクランの例を挙げよう。彼の意識を回復させようと、フランス軍は彼を首まで肥やしの山に埋めた。もちろん肥やしの温もりは期待どおりの働きをした。

外科医が必要な場合は、フランス王フィリップ四世に仕えたアンリ・ド・モンドヴィルのような人物を探すといいだろう。彼は従軍経験があり、モンペリエで教壇に立ち、外科と内科について分厚い本を書いた。手足が壊疽になったときに切断する方法について良識あるアドバイスが必要なら、その本にすべてが書いてある。兵のひざからクロスボウの太い矢を抜くには、関節が破壊されないよう注意しながら、ハンマーでだれかにたたかせると説明されている。

名を知られたイングランド人外科医ジョン・オブ・アーダーンの患者には兵士らもいた。直

外科手術はできるかぎり避けたほうがいい。ルッジェーロ・ディ・サレルノの外科専門書にあるこの図からは、医師がさまざまな傷を診察するようすがわかる。おそらくここに描かれている患者はだれひとりとして治らなかっただろう。

腸肛門医でもある彼は、鞍の上で長時間過ごすと起きるや不快な肛門の症状、デ・フィストゥラ・イン・アノについて本を書いている。外科手術以外に彼が勧めるおもな治療は浣腸だ。高温の風呂もいいらしい。だが、できることならそうしたアドバイスは避けて通りたい。

外科医が活躍することもある。一四〇三年、シュルーズベリーの戦いでイングランド王太子が矢傷を負った。矢は鼻のすぐ左側に刺さり、かえしの部分が深く埋まってしまった。王太子にさまざまな調合薬を飲ませるという最初の治療の試みはうまくいかなかった。そこで、外科医ジョン・ブラッドモアがトングのようなV字型の特殊な道具を作成し、矢じりを引き抜いた。負傷した場合の問題点は、外科医の数がきわめて少ないことだろう。しかも治療をしたがらないことさえある。スペインの騎士ペロ・ニーニョはあるとき、船長の足の傷を焼いて治療することが恐ろしくてできない外科医の代わりに、白くなるまで熱した鉄を使ってそれをやってのけた。

戦闘中の負傷についてはあまり心配しなくていい。むしろ、この時代で死をもたらす脅威は、一三四七年にヨーロッパ西部にもたらされた疫病である。ジェノヴァの船によってクリミアのカッファの攻囲戦から持ち込まれた病だ。最初の深刻な感染爆発で人口のおよそ半分が死にいたり、場所によっては死亡率がそれよりはるかに高かった。ところが、察するとおり、不思議と遠征は中断されていない。つまり、最初の疫病の流行直後の数年は大規模な遠征が計画されることこそなかったが、軍が感染に苦しんでいるからといって、今行われている遠征が途中で放棄されはしないということである。いずれにせよ、疫病に対してできることはない。だれにも原因がわからず、医師も治療法を知らないからだ。

遠征

遠征ではおそらく日に焼ける。日焼けした肌の色を保ちたければ、フランス人医師アンリ・ド・モンドヴィルが勧めているように、卵白と小麦粉を混ぜ合わせたものを顔に塗るとよい。

エドワード三世の一三五九年の軍隊では、魚を切らさないよう荷車隊が革製の釣り小舟を運んでいた。

フランス軍は一三八二年のフランドル戦役で、敵が近いという誤情報を信じ、ひざまで沈む泥のなかに夜通し立っていた。

ジョフロワ・ド・シャルニーによれば、騎士はおいしい料理や上品な味つけについて知る必要はなく、ワインを決めるために余計な時間を費やしてはならない。

パンを鞍に結びつけると、食べるときに馬の汗の味がする。

フランス王シャルル六世に初めて狂気の兆候が現れたときは、彼が剣を抜いて辺りにいた者全員を追いかけ回したため、遠征がその場で終わりを迎えた。

武勲

もしかすると遠征中に自分が望むほど多くの戦闘がなく、自分の腕前を披露する機会が十分にないと感じるかもしれない。田舎を荒らすことに多少の快感は覚えても、騎士ならもちろん軍馬で駆け、槍を構えて、自分の見せ場を作りたい。ならば、挑戦状を出すといい。自分のもとへやってきて同条件で戦うよう敵に働きかけるのである。こうした戦時中の馬上槍試合は、実戦というより模擬戦に近い性質を有している。

会戦前に一騎討ちで勝負する伝統がある。一三三三年、ターンブルという名の巨人のようなスコットランド人が、ハリドン・ヒルの戦いの前にイングランド人騎士ロバート・ベンヘイルに試合を挑み、完敗を喫した。以来、敵同士のそうした勝負はよくあり、騎士に馬上槍試合の腕前を披露する絶好の機会を与えている。典型的な対戦として、一三四六年の遠征時に行われたフランス人騎士とイングランド人ロバート・コルヴィルの勝負が挙げられる。これはフランス人騎士が「最愛の女性のために」挑んだ一騎討ちだった。彼とコルヴィルが二回目の馬上槍試合をしたところでフランス人騎士の盾が壊れたために、三回目の勝負は見送られた。

一三八二年、若きフランス人騎士トリスタン・ド・ロワイエは、カスティリャとポルトガルのあいだで和平が結ばれたと知って、ケンブリッジ伯に仕えていたイングランド人に使者を送り、一騎討ちをする者はいないかと呼びかけた。騎士になりたくてしかたがなかったイングランド人騎士見習いのマイルズ・ウィンザーが挑戦を受け入れた。たくさんのイングランド人騎士が、試合が行われるバダホスまで彼についていった。ウィンザーは試合の前にしかるべく騎士に叙された。双方の騎士が三本の槍を持っていたが、勝負のたびにどちらも壊れた。盾と甲冑は傷み、引き裂かれたが、いずれの騎士も負傷しなかった。だれもがすばらしい勝負だと思い、それにふさわしく両者に名誉が授けられた。

こうした馬上槍試合にはルールがある。一三七九年のある試合では、イングランド人騎士ウィリアム・ファリングトンが滑って、馬から落ちるときに相手の太ももを突き刺してしまった。これは恥ずべき行為である。バッキンガム伯は激怒した。ウィリアムは自分の過ちを平に謝り、その反則を許してもらった。このような試合では、イングランドとフランスの国家間の問題はあまり重要ではない。なにより大事なのは個人の名誉である。

武勲を立てれば自分の評判は上がるが、挑戦状を出す前にまず危険についてよく考えよう。

Radagalus dont ie comp
te le cas fut homme igno
ble nez et extraitz du pay'

下：どのような戦争でも略奪は避けられない。このフロワサール著『年代記』の写本の挿絵には、不運な町から奪った略奪品の重さでよろめく兵士が描かれている。

左：この町は木製の砦で守られており、その上から弓とクロスボウの部隊が襲撃者を狙っている。包囲軍には大砲があって、すぐそばにその弾丸となる石玉が置いてある。襲撃には梯子が使われ、弓兵が守備隊めがけて矢を射る。

上：1380年のシャトーヌフ＝ド＝ランドンの攻囲戦。対イングランド戦争で多くの戦果を上げたフランス軍司令官ベルトラン・デュ・ゲクランがテントのなかで死の床についている。手前には車輪のついた台に載せられた大砲があり、弓隊が城の守備隊に向かって矢を射っている。

Or parlerons de lescarmuche comment elle se porta

ndrent escarmuchier au bollewerq

erent p force darmes. ,xxj.e

zaulx ottroiez qui ne peuen

leur messaige au duc de bou

Cy fait mention cõment les

deuant troies. Et cõment ilz

上：アジャンクールの戦い。セント・オールバンズの年代記にある、かなり脚色されたこの挿絵は、1415 年のイングランド軍による対フランス戦勝利が描かれている。この戦いでは聖ジョージの赤い十字をまとったイングランド軍弓隊の起用が勝利の決め手となった。前線が幅の狭い場所だったため、殺された兵の遺体が山のように積み上がった。

前ページ：この町は木製の砦で守られており、その上から弓とクロスボウの部隊が襲撃者を狙っている。包囲軍には大砲があって、すぐそばにその弾丸となる石玉が置いてある。襲撃には梯子が使われ、弓兵が守備隊めがけて矢を射る。

下：戦いのメインは兵士たちが繰り広げる激しい白兵戦だ。この絵には、イングランド王エドワード3世の息子である黒太子がフランス王ジャン2世を捕らえた1356年のポワティエの戦いが描かれている。両軍とも下馬して、騎士や重騎兵が歩兵とともに戦っている。

上：この図ではキリストが十字軍を導いている。残念ながら十字軍の栄光の日々はすでに過去のものだが、それでも騎士にとって十字軍はなおも重要で、地中海沿岸地方やバルト地方へ向けて多くの遠征が行われている。

右：ウルリヒ・フォン・リヒテンシュタインは自叙伝『婦人兵 The Service of Ladies』で、女神ウェヌスの装いで数々の模擬戦に参加したみずからの冒険について語っている。この挿絵には、立派な飾りをつけた馬と、非実用的と言わざるを得ない冠の兜をつけた女神が描かれている。

第9章　十字軍

彼はリトアニアへ、そしてロシアへと旅をした
彼と同じ身分のキリスト教徒がそこまですることはあまりない
彼はまたグラナダへ、アルヘシラスの攻囲戦へと赴き
アルメリアまで馬を走らせたこともある
アヤスやサタリア占領の際もそこにいた
そして地中海沿岸地方でも
彼はたくさんの気高き軍勢に加わっていた

チョーサー『カンタベリー物語』のプロローグ
一四世紀末

聖戦といえば騎士の仕事の頂点のはずである。伝統的な十字軍の目的はエルサレムに行き、その地をキリスト教のためにイスラム教徒の手から奪還することだったが、時代は変わった。今はいろいろな場所へ聖戦に赴くことができる。チョーサーの物語に登場する騎士を思い出そ

う。彼はフランスでは戦わなかったけれども、アレクサンドリア、プロイセン、ラトヴィア、スペインの十字軍に参加した。また地中海とバルト海の沿岸地域でも戦った。まさに崇高な経歴の持ち主である。もし、旅をしたいなら、十字軍は絶好の機会だ。そればかりか、十字軍に入れば教会のために戦うことができる。つまり、騎士道における宗教的な理想の姿と、戦闘という現実がひとつになる。剣のひと振りで異教徒を倒せるなら、神の目にもそれが偉業と映るだろう。運悪く、マムルーク〔イスラム王朝に仕えた奴隷身分の軍人〕やトルコ人戦士が持つダマスカス剣のていねいに焼きを入れた刃(やいば)で殺されてしまっても、天国へ一直線である。魂の救済にはなんといっても十字軍だ。

問題点

今の時代は十字軍にとってかなり厳しい。よって、聖戦に赴く前によく考えたほうがいい。聖地で十字軍が占領していた最後の都市アッコは一二九一年にイスラム軍の手に落ちた。そして、この時代に再び前世紀のような偉業を達成することは絶対に不可能である。守るべき十字軍国家はもはやそこにはない。なにより、世界の中心にある黄金の都市エルサレムを奪還できる見込みはない。聖地へ行きたいなら、十字軍ではなく巡礼者になったほうがいい。

キリスト教世界は劣勢に立たされている。エジプトやシリアのマムルークたちも精強な軍隊を率いているが、それより大きな脅威となっているのがオスマン帝国だ。彼らが力をつけ始めたのはおよそ一〇〇年前だった。一三二六年に小アジアのブルサに首都を置いたオスマン帝国は、バルカン半島へ攻め入った。一三八五年までにはソフィアが彼らの手に落ちた。一三八九年、帝国のスルタン、ムラト一世のもと、彼らはバルカン半島の君主たちを打ち負かして、コソヴォで大勝利を収めた。中央アジアの民族も新たな脅威となっている。一四〇五年に死去したティムール、別名タメルランはすぐれたリーダーで、巨大な帝国を築いている。

十字軍に参加する前に、ジャイルズ・オブ・アージェンタインの哀れな話を耳に入れておこう。彼はとても高名な騎士で、一部の人からはキリスト教世界で三番目に優秀な騎士とみなされていた。その彼が一三一一年に十字軍の遠征で地中海沿岸地方へ赴き、捕らえられてしまった。彼を捕虜にしたのはイスラム教徒ではない。ロードス島に拠点を置いていたギリシアのキリスト教徒である。彼はサロニカに監禁された。

チョーサーの『カンタベリー物語』に登場する騎士は偉大なる十字軍戦士だった。チョーサーはおそらく、十字軍のプロパガンダを広めていたフィリップ・ド・メジエールの生涯をもとに騎士を描いたのだろう。

一三一三年に彼が解放されるまで、イングランドは多大な外交努力を払わなければならなかった。

地中海沿岸地方とバルカン半島

それでもまだ十字架を背負いたいなら、地中海沿岸地方への遠征があるかもしれない。ただし、西の各王国が力を合わせて昔の偉大なる十字軍のような大規模な遠征を行う望みはほとんどない。大規模な十字軍を立ち上げる計画はあった。よく知られているところでは、フランスの法律家ピエール・デュボワやヴェネツィアのマリーノ・サヌードが、それを成し遂げる方法について論文を執筆している。しかしながら、こうした理論の実践はかなり難しいことがわかっている。

‡　一三三〇年代には、フランス王とイングランド王がそろって十字軍に参加を表明するのではないかと期待されたが、代わりに彼らは戦争を始めてしまった。

‡　キプロス王ピエール一世はヨーロッパ各地を回って、たくさんの模擬戦に参加しながら十字軍の兵を集めた。彼は一三六五年に遠征の段取りを整え、驚いたことにエジプトのアレクサンドリアを占領したが、すぐにまた奪還されてしまった。とはいえ、十字軍はたくさんの戦利品を手に入れた。

大規模な遠征がなくても、地中海沿岸地方の港を襲撃する小規模な攻撃ならいつでも参加できる。だが、イズミルを攻める遠征に参加したジョフロワ・ド・シャルニーによれば、たいした成果は得られないようだ。一三九〇年にはブルボン公がチュニジアのマーディアの港を襲撃したが、十字軍部隊のほとんどが敵に示された条件をのんでしまったために失敗に終わった。病気と食料不足も彼らがその地を去った原因だった。

もうひとつ、バルカン半島のトルコ人と戦う手がある。ハンガリー王ジギスムントは一三九〇年代の初めごろ、オスマン帝国の脅威に立ち向かうため、キリスト教世界の軍隊をひとつにまとめようと手を尽くした。ところが実際に一三九五年に出発した遠征隊は、

ブルボン公が指揮した十字軍の遠征。1390 年、チュニジアのマーディアに向かって船を走らせる。

ジギスムントみずからの軍隊を除けば、おもにフランス軍とブルゴーニュ軍だけだった。十字軍がオスマン帝国と戦うにあたっての問題は、敵の戦士が手に負えないほど強いことである。そのときの十字軍は一三九六年、ドナウ川に近いニコポリスで、ムラト一世の後継者バヤジットにしかるべく敗北した。

ならばいっそのこと、チョーサーが描く騎士のように、イスラム教の支配者に仕えてみるのはどうだろう。

この同じ立派な騎士はときに
パラティアの君主に仕えたこともある
トルコの別の異教徒との争いで

むしろ驚くべきことに、ブシコーも一三八八年に三か月間、スルタンのムラト一世の側にいた。ブシコーはそれがほかのイスラム教徒に対する遠征につながることを期待したのだが、そうはならなかった。

スペイン

この時代ではまだだれも口にする覚悟ができていないようだが、合理的なアドバイスをしよう。マムルークに手を出したり、トルコ人ともめたりしてはいけない。十字軍の騎士にはほかにも選択肢がある。スペインでは、アラゴン、カスティリャ、ポルトガルの各王国の拡大に伴い、ムーア人が長年にわたって身を潜めている。スペインへ行くと、いかに多くのムーア人の習慣がキリスト教王国に取り入れられているかに驚くことだろう。あちこちで文化が統合されている。たとえば、スペインの都市に公衆浴場がたくさんあって、面食らうかもしれない。グラナダ首長国は今でもイスラム教で、もちろん十字軍の討伐対象である。

スペインには注目すべき十字軍の先例がいくつもある。スコットランド王ロバート一世は死に際に、自分の心臓を十字軍の遠征に持っていってほしいと願いを託し、ジェイムズ・ダグラスがスペインへ赴いてその遺言を実行した。彼は王の心臓を銀のケースに入れて首からかけて運んだという。アルヘシラスは二年続いた攻囲戦の末、一三四四年に十字軍の手に落ちた。そのときは、カスティリャ王アルフォンソ一一世を助けるべく、ヨーロッパ各国の騎士が集まった。ダービーとソールズベリーの両伯爵のほか、フランス王のいとこにあたるナバラ国王フィリップ、またフォワ伯もいた。チョーサーが描く騎士もアルヘシラスにいた。グラナダのムーア人と戦うための騎士の需要は実際にある。だが、相手は十字軍との戦いに慣れた危険な敵だということを肝に銘じておく必要がある。

バルト地方

ある意味、地中海とは別の魅力を持つ候補地といえばバルト地方である。ローマ教皇は、その地で異教徒と戦う十字軍に大きな名誉を与えることに意欲的だ。こちらは、敗北が目に見えている地中海沿岸地方の十字軍遠征よりも安全で、満足のいく経験ができる。ブシコーによれば、バルト地方への遠征は「壮大で気高く、たくさんの騎士、騎士見習い、貴族がいる」らしい。

バルト地方はドイツが拡大しつつある地域だ。ドイツ騎士団が東方へ向かう勢力の先陣に立っている。ドイツ騎士団はもともと聖地パレスティナで戦うために設立されたものだが、関心はバルト地方へ移っている。一三〇九年には、前年のグダニスク占領に続いて、マリエンブルクに拠点が設けられた。当時の解説者は次のように記している。

> この騎士団はドイツ人騎士団にしてチュートン人の聖母マリア騎士団である。ドイツ語を話さないかぎり仲間と認められることはほぼない。

ドイツ騎士団はプロイセンに強大な行政機関を置き、リヴォニア〔現在のエストニアからラトヴィアにかけての地域〕でも力を見せつけているが、一四一〇年にタンネンベルクでポーランド軍に敗れてからというもの、以前の勢いはもはやない。十字軍のおもな遠征先はリトアニアである。リトアニア人は異教徒で、君主のヴィータウタスが一三八六年に洗礼を受けたとはいえ、国全体の改宗はまだ始まったばかりだ。ただし、だからといって彼らが未開の人々だと考えてはいけない。国家としての体制は整っており、戦士は優秀だ。複婚制、火葬、いくつかの樹木を聖なるものとみなすという許容できない習慣がいくらかあるだけである。そんな彼らと果てしなく戦い続けているように見えるドイツ騎士団が、戦闘員を求めている。

現地でライゼンと呼ばれる十字軍の遠征は、いかにもドイツ人らしく効率よく行われている。ドイツ騎士団はこちらの望みを把握しており、ライゼンはパック旅行のような遠征だともいえるだろう。屋外でごちそうを食べ、狩りや馬上槍試合の娯楽があり、倒すべき異教徒が待って

14世紀のドイツ人騎士。ドイツ人にとっては、ドイツ騎士団のリーダーシップのもと、バルト地方へ拡大することがおもな十字軍の活動だった。

いると思うと心が躍る。森にはイタチやテンがたくさんいるため、立派な毛皮のコートが手に入るに違いない。バルト地方へ行くには、陸路より容易な海を渡ってマリエンブルク、あるいはケーニヒスベルクへ進む。そこからは、ドイツ騎士団がリトアニアまでの輸送を手配してくれる。遠征は冬か夏か、いずれかを選べる。冬はきわめて寒いが、凍った大地を高速で駆け抜けることができる。夏は沼地のようになった大地を乾かす暑さを心待ちにしなければならない。

バルト地方へ向かう騎士は多い。ドイツ人が大多数を占めるが、キリスト教世界の別の国から来る者もかなりいる。一三六七～六八年の冬は九七人のイングランド人がプロイセンへの入国を許された。遠征にはこれまで、たくさんのフランス人騎士も参加してきた。ブシコーその人も三度、異教徒討伐でリトアニアへ赴いている。一度は冬だった。八日にわたって敵を追い、マリエンブルクに戻ったとき、遠征隊は豪華な夕食でもてなされた。各国から選ばれた一二人の騎士が主賓席に座った。ブシコーはきっと、あえてそのような席には座らないようにしただろう。

祈る十字軍の騎士。十字軍活動の根底にあるのは宗教的な動機だが、戦士たちは名声と富を得ることを望んでいるのかもしれない。

のちにイングランド王ヘンリー四世となるヘンリー・ボリングブルックはバルト地方へ二度のライゼンに出向いた。一三九〇～九一年の最初の遠征では、ヴィリニュスの攻囲戦で激しい戦いになったが、たくさんの酒と食事に恵まれた楽しい旅だった。十字軍が宗教的な任務だという事実はヘンリーにはどうでもいいようで、彼は慈善より賭博に金を費やした。ただし、若干の戦闘を伴うバルト地方へのこの魅惑のクルーズ旅行には、ひとつだけ問題がある。ほぼ間違いなく自腹を切ることになるのである。たいした戦利品は得られず、なにかを奪ったとしてもおそらくドイツ騎士団にすべて取り上げられてしまうだろう。

十字軍

一三九〇年、ヘンリー・ボリングブルックは騎士一三人、騎士見習い一八人、使者三人、坑夫一〇人、吟遊詩人六人、召使い六〇人などを連れてバルト地方へ十字軍の遠征に出かけた。

リトアニア人はたくさんの神々を信仰している。ペルクナスは火と雷の神、パトリムパスは豊穣と川の神、ピクラスは地底の神だ。

ホランド伯ウィリアム四世はバルト地方へ七回の十字軍遠征を行った。

ニコポリスで十字軍に勝利したスルタン、バヤズィトは、一四〇二年にモンゴルの支配者ティムール（別名タメルラン）に敗れ、捕虜になった。

豪華ツアー

自分の望みが旅ならば、十字軍の遠征は有意義だ。一三九二～九三年にヘンリー・ボリングブルックが赴いた二度目の遠征を見れば、聖戦と巡礼の組み合わせはすばらしい旅になるとわかる。

- グダニスクから出発して、ケーニヒスベルクへ行って戻る。
- 次は南下して、フランクフルトへ行く。
- ボヘミアへ旅してプラハとすばらしいカルルシュテイン城を見る。
- その次の主要な目的地はウィーン、そしてクラーゲンフルトだ。
- アルプスを越える。それほどたいへんではないだろう。
- そしてヴェネツィアをめざす。市街地だけでなくリド島でも数日過ごすといい。

✣ ヴェネツィアからは船で聖地へ渡り、エルサレムへ巡礼する。
✣ 帰路は、イタリアへ戻る前にキプロス、ロードス島、ギリシア本土を訪れる。

ヘンリーが実際にこの旅を終えるには一年かかった。もしこれだけの費用が賄えるなら、すばらしい体験ができるだろう。ヘンリーと同じように、旅の記念としてヒョウやオウムを持ち帰ることさえできるかもしれない。しかしながら、遠方の土地で目にするものに過度な期待を抱いてはいけない。顔が胸部にある首なし族が住んでいる僻地や、頭が犬になっている人間、あるいは巨大な一本足を日傘のように使う一本足人間がいる国々へ行くわけではない。

キリスト教徒に対する十字軍

十字軍ではもうひとつできることがある。意外かもしれないが、ほかのキリスト教徒と戦う遠征に行けるのである。一三七八年、われこそが教皇だと主張したローマのウルバヌス六世と、その称号は自分のものだとして異を唱えたアヴィニョンのライバル、クレメンス七世のふたりが教皇に選ばれた。一三八三年、イタリアで戦った経験を持つノリッジ司教が、クレメンスの支持者を討つべくフランドルへと十字軍を率いたが、なにも達成できず、不名誉だけを残した。双方の教皇が自分たちの大義のために戦う者に十字軍の特権を与えようと申し出た。一三八五年のアルジュバロータの戦いでは、カスティリャがクレメンスを支える十字軍となり、同盟を組んだイングランドとポルトガルがウルバヌスのために同じことをした。

行かなければならないのか

もちろん騎士には十字軍に参加する義務はない。ジョン・ホークウッドは一度も行っていない。また、意外にも、ジョフロワ・ド・シャルニーは十字軍を勧めていない。自分の十字軍での経験が満足のいくものではなかったためだろう。しかしながら、十字軍の遠征に参加すればみずからの評判が上がるだけでなく、魂の救済にも役立つはずだ。最適な場所のアドバイスは難しい。前にも述べたが、トルコ人やマムルークと戦うのは避けたほうがよさそうだ。リトアニアには虻(あぶ)はもとより一一〇種類もの人を刺す小虫がいるのが若干気になる。そうはいっても、低地帯諸国の同じキリスト教徒を討伐する十字軍ではあまり代わり映えがしない。最適な答えはスペインかもしれないが、好きなように選ぶといい。

第10章　傭兵

契約によって義務づけられた支払いを渋るというのであれば、悪いが、こちらもあなた方との契約に従う義務はない。

ジョン・ソーンベリーからシエナ市民へ
一三七五年

　どのような騎士であっても、報酬を期待するのは当然である。よって、金を受け取るから傭兵だということにはならない。一方、いかなる雇い主からでも喜んで金をもらい、なおかつ金額が高いほうへあっさりと鞍替えできるなら、それは立派な傭兵だ。チャンスはいくらでもある。傭兵は戦いを生業とする者で、名誉と同時に不名誉でも有名になる可能性が高いと心得ておこう。ドイツ人の騎士、なかでもシュヴァーベンやラインラント出身者は特に、イタリアで傭兵として戦うことを強く望んでいる。

　この種の職業は騎士道精神のすべてに反すると考えてしまいがちだが、ジョフロワ・ド・シャルニーは反対するどころか、故郷を離れてイタリアへ渡る騎士たちについて語り、彼らは大きな称賛に値すると結論づけている。

そうすることで戦に役立つ多くの見聞を得ることができる。なぜならそのような場所ならば、すばらしい戦いぶりをじかに目にできるだけでなく、みずから達成することも可能だからだ。

ド・シャルニーの忠告によれば、傭兵になるなら手早く利益を上げたからといってすぐにやめてしまってはいけない。体が限界に達してからでさえ、心と意志の力で突き進むことができるはずだと彼は言う。

起源

生まれが上流階級ではないなら、傭兵の仕事はとりわけ魅力的だ。出世を望み、大きなリスクを取る覚悟ができているなら進むべき道である。イングランド人の傭兵部隊長に貴族や騎士階級の出身者は少ない。ジョン・ホークウッドはエセックスの村の出身で、小さな地主の次男だった。フランス、ガスコーニュ地方からの傭兵には小貴族の家系の者がおり、ドイツ人の多くも似たようなものだ。ウルスリンゲン公コンラート六世の下の息子でスポレート公を名乗っていたヴェルナー・フォン・ウルスリンゲンは、例外的に高貴な生まれである。ドイツ人のなかには、イタリアにいるあいだ、本来は名乗る権利がない称号を勝手に名乗る者がいる。また多くの傭兵がイタリアで騎士の称号を授かってもいる。ゆえに、傭兵になったら社会的地位が下がるのではないかと心配する必要はない。むしろ逆が多い。

ジョン・ホークウッド。イタリアでもっとも成功したイングランド人傭兵。フィレンツェのために尽くした彼は、大聖堂（ドゥオーモ）にあるこの見事なフレスコ画で追悼されている。

機会

傭兵になるなら、選択肢がもっとも豊富な場所はイタリアである。北部の都市が競合して多くの戦闘が起きていることにくわえて、そうした都市には資金があり、ドイツやイングランド方面から腕の立つ兵を雇うからだ。和平が結ばれてもあまり困らない。常に別の場所、別の紛争で募集がある。フィレンツェはいつもシエナと敵対関係にあり、ミラノには敵が多い。

部隊

傭兵として成功するためには部隊に所属

する必要がある。部隊を率いることができればなおいい。一四世紀初の傭兵部隊はロジェ・ド・フロールが率いたカタルーニャ大傭兵団で、シチリアで戦っていたアラゴン軍の退役兵が集まって一三〇二年に結成された。この部隊は当初ビザンツ帝国の皇帝に仕えていたが、まもなく独自に活動を開始し、ギリシアに混乱を招き、アテネを占領して、のちにほかの傭兵団に引き継がれることになる破壊的な行動の手本を示した。

ドイツ人

次に誕生したのはドイツ人部隊だ。一三一三年にドイツの皇帝ハインリヒ七世がイタリアで死去したとき、彼の軍隊は解散されたが、騎士の多くが富を求めてそのままイタリアに残った。一三二七年に行われたルートヴィヒ四世のローマへの遠征ではさらに多くの騎士がイタリアへ赴いたが、ルートヴィヒは彼らの報酬を支払うことができず、多くがこの皇帝の帰還時にドイツへ戻らなかった。一三三九年、ヴェルナー・フォン・ウルスリンゲンが指導的な役割を担うイタリア初の大規模傭兵団、聖ジョルジョ〔ラテン語ではゲオルギウス〕傭兵団が設立された。この部隊はミラノに近いパラビアーゴの雪に覆われた戦場でミラノ軍に敗れたが、ヴェルナーが一三四二年に新たに結成した大傭兵団はイタリア北部をくまなく破壊して回り、ドイツ人たちはたいそう裕福になって故郷に帰った。ヴェルナーは一三四七年に再びイタリアに戻ってきて、一三五一年までそこにいた。彼が身につけていた黒い鎧にはモットーが記されている。「神の敵に哀れみと情けを」

ヴェルナーが作った大傭兵団はさまざまなリーダーに引き継がれた。まずはプロヴァンス出身でフラ・モリアーレの名でも知られるモンレアル・ダルバーノ、それからドイツ出身のコンラート・フォン・ランダウ。一四世紀半ばまでには少なくとも三五〇〇人のドイツ人傭兵がイタリアにいた。ドイツ人の多くは一シーズンの遠征だけイタリアをめざし、三〜四回を超えて参加することはめったにない。ただし例外はある。

‡ ハネケン・ボンガートは四半世紀をイタリアで過ごした。
‡ アイヒェエルルベルク伯コンラートは一五年間そこにいた。

シュヴァーベンやラインラントの出身者はたいていミラノとトスカーナで仕事を探す。バイエルンとフランケンの出身者はヴェネツィアに向かう傾向がある。

イングランド人とガスコーニュ出身者

一時的とはいえ一三六〇年の条約でイングランドとフランスの戦争が終結したために、多数の兵が仕事を失った。それを解決すべく、一部の人間が野武士団（ルティエ）として知られる傭兵団を創設した。そうした新部隊の隊長はおもにイングランドかガスコーニュの出身者だった。なかでも

1328年にシエナの軍隊を指揮したイタリア人傭兵グイドリッチョ・ダ・フォリアーノ。シモーヌ・マルティーニ画。同じ側の脚を同時に前へ進める側体歩の馬が描かれている。

規模が大きかった大傭兵団は、一三六〇年にローヌ渓谷のポン＝サン＝テスプリを占領し、破壊的な襲撃を繰り出す拠点としてその地を利用していた。一三六二年にはルティエのひとつがブリニェでフランス王国軍を破っている。当時よく知られていた部隊のひとつは白衣団だ。これは大傭兵団から枝分かれした部隊で、当初はドイツ人のアルベルト・シュテルツが指揮をとっていたが、その後イングランド国王の遠縁にあたるヒュー・モーティマー・ド・ラ・ズーシュに代わった。白衣団は統制の取れた部隊で、指揮系統に一二人の伍長が配置されていた。この騎士団はモンフェラート侯の求めでイタリアに入り、一三六三年にコンラート・フォン・ランダウの傭兵団に勝利している。

この世界では同盟関係がころころ変わる。傭兵団が解散と再結成を繰り返すうちに、自分が政治的陰謀に巻き込まれているとわかるだろう。

✣ シュテルツとその同胞のハネケン・ボンガートは一三六四年に白衣団を離れ、星章団を作った。

✣ 一三六五年、星章団の兵が白衣団を破ったため、白衣団のメンバーの多くがジョン・ホークウッドの聖ジョルジョ傭兵団に移った。

✣ 一三七〇年代初頭には、ホークウッドの指揮下で、イタリアにいた多くのイングランド人騎士が新しい傭兵団に集まってきた。イタリアの地方を襲撃しながら進む彼らの隊列はおよそ一五キロも続いたと言われている。

傭兵団が厄介な問題をもたらすこともある。たとえば休戦などで都市との契約を失った傭兵団が、独自に行動して、隙あらば金をゆすり取り、人々に恐怖をもたらすためだ。最近はイタリアの外国人傭兵部隊の数が減少傾向にある。傭兵団の最盛期は一四世紀だったと見える。だが、まだチャンスはある。イタリアの大都市にはいつでも経験豊富な傭兵の需要があるはずだ。

イタリア人

イタリアで傭兵として成功を収めるにあたって、ホークウッドのような外国人は確かに有利かもしれないが、そうである必要はない。外国人騎士にとって好機であることに変わりはないが、最近のイタリア人、たとえば一四〇九年に没したアルベリコ・ダ・バルビアーノなどは、傭兵団で主要な役割を担うようになっていた。それ以前にも有力なイタリア人傭兵の例はある。

‡ グイドリッチョ・ダ・フォリアーノはレッジョ・エミリアの貴族の出身だった。彼は一三二七～三四年にシエナの軍を率い、ヴェローナのスカーラ家に仕え、一時期はヴェルナー・フォン・ウルスリンゲンの部隊にいたこともある。彼は後世、シエナにあるフレスコ画でその名を知られるようになった。

‡ アンブロージョ・ヴィスコンティも有名なイタリア人傭兵である。彼はミラノのベルナボ・ヴィスコンティの非嫡出子だったために、莫大な遺産の相続が望めなかった。そこで戦争に富を求め、一三六五年に聖ジョルジョ傭兵団を新設して、ジョン・ホークウッドとともに戦った。

コンドッティエーレ

イタリアの都市ではたいてい、部隊の人数が正しいかどうかを確認するために月に一度点呼を行うよう求められる。

フィレンツェの勝利の定義は、最低でも二〇〇人規模の騎兵隊を負かすことである。

ジョン・ホークウッドは攻囲戦で、町の人々に警告するために大音量の音楽を流した。

イタリアの傭兵団の名称には、聖ジョルジョ、帽子、バラ、星章などがある。

イタリアでは、イングランド兵はだれよりも怒鳴り声が大きいと言われている。

イタリア語でステーキを意味する「ビステッカ」の語源は、ジョン・ホークウッドがいつも英語で「ビーフステーキ」を注文していたため、それが訛ったものと言われている。

組織

入隊するにあたっては、組織がしっかりしているかどうかを見きわめたほうがいい。一般的な傭兵団は次のような構造になっている。

- 総司令官。
- 契約の交渉や書類の作成など法務を担当する書記官。たいていはイタリア人。
- 金銭面を担当する財務官。
- 通常一五〜二〇人で編成される各部隊の指揮を統括する元帥や司令官。
- 地方を荒らす役目を担う破壊者、グアスタトーレ。
- 洗濯、手作業で行うとうもろこしの粉挽き、料理、その他の雑用をこなす女性たち。

戦術

イングランド人傭兵の方法をまねるのが一番である。彼らはイタリアに新たな戦闘技術を持ち込んだ。ドイツ人が採用していた基本的な戦闘ユニットはバルブータで、騎士と小姓（後者は支援役）のふたりで構成されていたが、イングランド人は槍隊（ランス）として知られる編成を導入している。騎士、騎士見習い、小姓の三人からなるそれは、一四世紀の終わりまでに基本の編成単位として定着した。一方、世に知られたイングランドの白衣団は下馬して戦った。彼らは一本の槍をふたりで持ちながら少しずつ慎重に前進し、弓兵がその編隊を支援した。そうした技術と並んで重要なのは長距離を移動する能力である。たいていは夜だ。イングランド人部隊はどこからともなく現れ、工夫に富んだ梯子（はしご）を使って、町や城に奇襲をかける。ホークウッドの指揮のもとで作戦が入念に計画され、適切に配置されていたのはもちろんだが、それらは信用できる情報に基づいてもいた。まさに見習うべきモデルである。

一三八七年のカスタニャーロの戦いはよい手本になる。ホークウッドが都市パドヴァに雇われていたとき、彼の小部隊がヴェローナの大規模軍に追われた。彼は溝と沼で守りを固めて陣を築いたが、ここぞというときに溝を埋め戻し、ヴェローナ軍の背後に回り込む道を作った。重騎兵はほとんどが下馬して、三列に並んだ。弓兵が支援に回り、騎兵は後方に控えた。ヴェローナ軍の正面攻撃に対して、彼は側面に回り込んで反撃し、敵の後方を騎士と重騎兵で襲撃した。これはイングランド軍がフランスでとった戦術によく似ており、なかでもポワティエの戦いと類似点が多い。

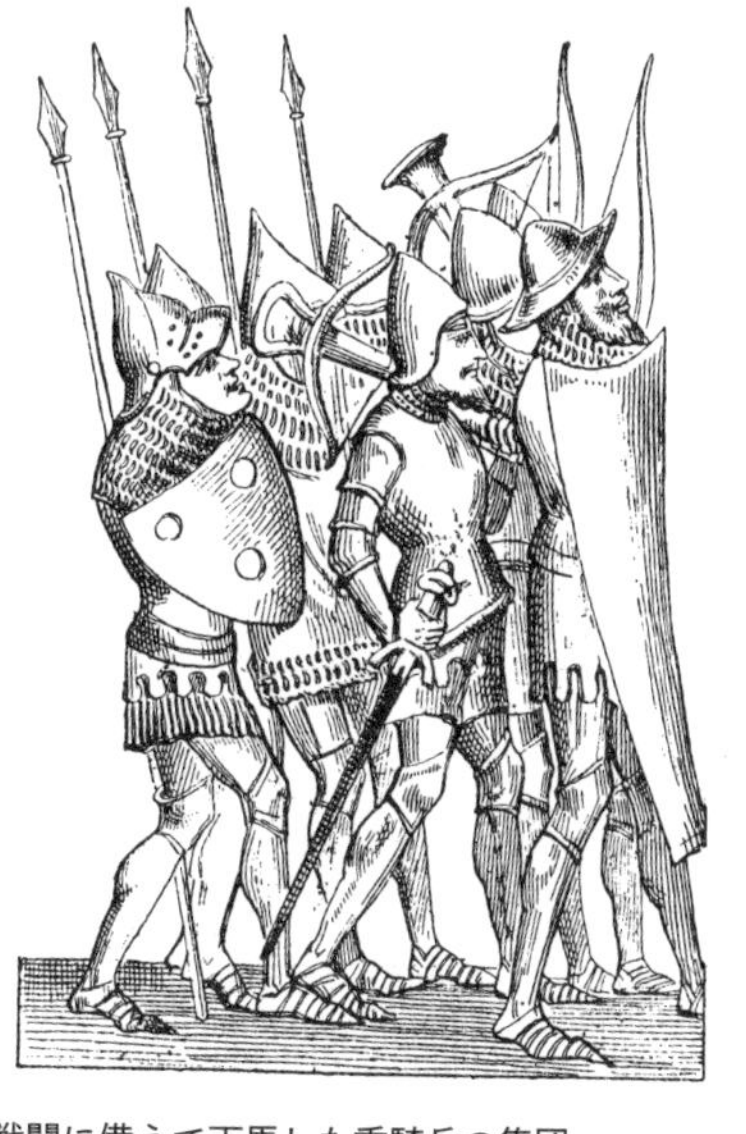

戦闘に備えて下馬した重騎兵の集団。

言葉の壁

傭兵として出世するつもりなら、いくらか語学力が必要だ。剣で語るだけでは十分とは言えない。ドイツ出身のアルベルト・シュテルツは英語も流暢に操った。一方、コンラート・フォン・ランダウは問題に直面した。一三六三年の敗北は、自分の部隊のハンガリー人と適切にコミュニケーションが取れなかったことが一因だった。「止まれ、止まれ」と彼が大声で命じたものの、彼らは止まらなかったのである。すでにフランス語の知識があることが前提だが、ドイツ人が苦手とするイタリア語を習得するといい。ラテン語も理解できるのが理想だが、ジョン・ホークウッドはそうではなかったし、それでも書士や事務官を使ってうまく対処していた。

交渉

有能な傭兵には多くの技能が求められる。戦いに強いだけでは不十分だ。まず、自分の雇い主と交渉しなければならない。だが、イタリア人は世界最強の商人だ。簡単ではないだろう。おそらく報酬に同意するところは難なくできるだろうが、割り増し分となると、こちらの力量が試されるところである。「幽霊兵」として知られる存在しない兵士の分を請求するのはよくある手口だ。部隊の一〇パーセントくらいまで、この幽霊戦士を入れることができる。失った馬の補償金を一括で受け取るのも良案である。そうすれば馬が本当に死んだことをいちいち証明しなくてすむ。こうした追加料金にくわえて、是が非でも傭兵を雇いたい都市から賄賂を搾り取ることもたいていできる。ただし、雇い主をよく見きわめなければならない。イタリアには報酬に課税するという意地の悪い習慣がある。税引き後の収入は思っていたより少ないことがほとんどだ。

騎士道

傭兵の態度には騎士道の美徳のかけらもないように見えるかもしれない。ドイツ人コンラート・フォン・ランダウは、こう言い切っている。

盗み、奪い、拒む者を殺すのがわれらのやり方である。侵略対象となる地方から取り立てた金がわれらの稼ぎとなる。自分の命が惜しい者は、平和と安全の代償として高い金を払う。

一方、騎士道には矛盾がたくさんある。そのため、次のような、どう考えても許されないと思われるものごとも都合よく正当化できる。

- 地方の略奪。
- みかじめ料の徴収。
- 食料の押収と動物の追放。
- 襲撃が成功したあとの虐殺。

これらは昨今の戦いによくあるものごとで、戦争法によって正当化されており、必ずしも騎士道に反するものではない。騎士道精神は自分の都合に合わせて柔軟に解釈できる。ホークウッドのような傭兵の行動が、黒太子らと比べて騎士らしくないわけでもない。後者の軍隊は一三七〇年にリモージュで居住者を大量虐殺した。ホークウッドの兵士らは、一三七七年にイタリアのチェゼーナで多くの市民を虐殺した部隊の一部だった。もっとも、チェゼーナで「血と正義」を要求したのはホークウッドではなく、枢機卿ロベール・ド・ジュネーヴ、のちの対立教皇クレメンス七世である。だがそこで起きた恐ろしいできごとが、騎士としてのホークウッドの評判を傷つけることはなかった。

戦闘で武勇を示し、雇い主との契約に忠実で、部下に対して寛大であれば、騎士としての義務は果たしていることになる。なお、一般に認められている戦争法に則って行動することは重要である。協定に逆らうと、その協定で保証されている保護などが受けられなくなってしまうためだ。ホークウッドは騎士らしい騎士に求められるすべてのものごとを成し遂げたわけではない。たとえば十字軍に参加したことはないし、非嫡出子が何人もいる。それでも彼は勇敢で、忠実で、すぐれた軍人だった。そしてその結果として、騎士の英雄として高い評価を得ている。

第11章　貴婦人と乙女

酒場で強い酒を飲んでいるとき、ご婦人方が近くにいて、われらに目をやり、なめらかな首元にハンカチを引き寄せて、グレーのまなこで微笑み、美しくきらめいていると、自然と戦おうという気持ちになる。

『鷺の誓い』一四世紀半ば

騎士道文化は女性を重んじる。女性は騎士を奮い立たせる存在だ。彼女たちは模擬戦や馬上槍試合で騎士を応援する。彼女たちが励ませば、騎士は戦いに赴こうという気になる。戦っている理由に疑問を抱いたら、最愛の女性を思い浮かべて、その人が自分に託した夢の実現に努めればいい。ジョフロワ・ド・シャルニーの本を読めば、騎士や重騎兵は、立派な行いをするよう自分たちを力づける女性たちすべてを愛し、守り、敬うよう書いてある。現実は、それより若干複雑だが。

善か悪か

司祭の話を聞くと、女性はひとつのことしか求めていない邪悪な存在だという印象を受ける。初期のキリスト教の指導者たちは、女性を「どぶの上に建てられた聖堂」と呼んで、そうした見解を支えた。この従来の考えによれば、男性とは異なり、女性は不完全な存在である。昨今の医学的所見もそれを裏づけている。

‡ 女性は体液のバランスが男性とは異なる。女性のほうが冷たく粘液質で、結果として気分が変わりやすく、あてにならない。

‡ 女性は男性より性的に貪欲である。

‡ 女性の解剖学的構造は不可解である。なぜなら子宮が体内をさまよっているからだ。そのため大きな問題が生じている。

‡ 女性にも睾丸があるが、男性と異なり、それらは小さく、体内に隠れている。

しかしながら、聖母マリア信仰では、女性についてまったく異なる見解が示されている。一二世紀から発展してきた騎士道的な愛、つまり騎士が既婚の高貴な女性に捧げる愛情の概念も同様だ。この伝統にならえば、愛は純粋な感情で、性とは無関係である。

✣ 女性とは、愛され、守られ、敬われる存在である。

✣ 女性は慈悲深く、ものごとを丸く収めようとする。

✣ 女性は信心深く、高潔である。

騎士が読んだり聞いたりする物語にはさまざまな女性観が登場するが、たいていは理想の姿で描かれている。完璧な女性は、白い肌、金色の髪、上品な鼻、思わず口づけしたくなるような唇、そして非の打ちどころのない体型をしている。つま先まで申し分ない。

リブルズデールの美しい娘を描く愛の詩には、まさにそのような乙女が描かれている。

彼女の瞳は大きなグレー
その愛らしいまなこがわたしに向けられるとき

1340年ごろの『ラトレル詩篇』より、貴婦人と召使い。貴婦人が長く編まれたブロンドの髪を眺められるよう、召使いが鏡を持っている。女性たちはできるかぎり自分を美しく見せようと、このような時間をたっぷりとった。

眉が光の弧を描く
夜空に輝く月でさえ
それほどの輝きは放たない

ただし、この詩にはオチがある。この娘には白鳥のような驚くほど長い首があり、その長さは二〇センチを超えていた。両腕も一二〇センチに届こうかというくらい長かった。要するに、このような描写はみな、真に受けてはいけないということである。

尊敬と保護

騎士道の教えは女性を敬えとはっきり告げている。ド・シャルニーは最愛の女性の名誉を守ることの大切さを説いている。意中の女性に対する自分の気持ちを吹聴して回ってはならない。また、その思いが知れ渡ってしまうような行動は慎む。そうしないと、もめごとになって、その女性に恥ずかしい思いをさせることになりかねないからだ。宮廷にいるときのブシコーは、親切で、礼儀正しく、その場にふさわしい振る舞いをしていた。彼の行動からは、意中の女性がだれなのかはまったくわからなかった。もしどうしても女性にキスをしたくなったら、ランカスター公ヘンリー・オブ・グロスモントの例を思い出そう。身分の高い美しい女性たちはそうした行為を好まないことから、彼は礼儀正しく、階級の低い女性とことにおよんだ。

騎士とおしゃれに着飾った貴婦人たち。女性たちは首元が広く開いたゆったりとしたロングドレスを着ている。

立派な騎士は女性を危険から守らなくてはならない。対象はおもに自分と同じ社会的地位にある女性たちだ。ブシコーが緑の盾の白い貴婦人騎士団を作ったとき、彼は貴族の女性のことだけを考えた。戦争で農民の女性の身に起きることはあまり心配せずとも、貴族の婦人には目を配っておこう。見本となる例がある。

✢　一三七七年、チェゼーナの虐殺時、ジョン・ホークウッドは一〇〇〇人の女性を恐ろしい運命から救ったと言われている。

✢　一三五八年、ジャックリーの乱として知られるフランスの農民一揆で、モーという街に避難していたたくさんの貴族の女性たちが脅威にさらされた。フォワ伯と、カプタル・ド・ブッシュという名でも知られるジャン・ド・グレイーは、農民を追い払い、虐殺した。

一三四六年にカーンを占領したトーマス・ホランドとその仲間たちは、たくさんの未婚や既婚の女性を恐ろしい運命から救ったと言われているが、残念なことに、三位一体修道会の修道女たちに対しては同じことができなかった。

✠

女性には礼儀正しく接してあたりまえだと思うだろうか。必ずしもそうとはかぎらない。一三〇六年、イングランド王エドワード一世がスコットランド王ロバート一世の妹とバカン伯爵夫人を捕らえたとき、予想に反して、このふたりの婦人はイングランドの女子修道院には送られなかった。代わりに檻が作られ、ひとりはロックスバラ、もうひとりはバーウィックでさらし者にされたのである。檻にはきちんと寝室と続きになったバスルームがついていたとはいえ、このエドワードの行為は許されるものではない。それにもかかわらず、不思議にも、エドワードを騎士らしからぬ人物として非難する人はだれもいなかった。エドワード三世については、ソールズベリー伯爵夫人をレイプしたといううわさが広まっているが、こちらは信憑性に欠ける。名前、日付、場所がまったく嚙み合わないからだ。こちらのエドワードは騎士道をわきまえた人物である。

誓いと愛の証し

今はブルターニュと呼ばれるアルモリカというところに
ある貴婦人を愛し、いかなる苦しみをも乗り越えて
どうあってもその女性に尽くそうとする騎士がいた
彼は数えきれない努力、数えきれない大冒険をして
その貴婦人の心をつかみ取った
なにしろ太陽の下の彼女はこの上なく美しかった

チョーサー著『カンタベリー物語』、「郷士の物語」より

戦いで武勲を立てると誓うよう騎士を促すのはたいてい妻や恋人だ。愛する人が愛の証しをくれるかもしれない。それはたとえば、取り外しのできる洋服の袖などで、兜や槍に結びつけることができる。代わりに、騎士は彼女の名にかけて立派な行いをすることが求められる。ウィリアム・マーミオンの最愛の女性は、兜につける金メッキの飾りを選び、ブリタニアのもっとも危険な場所でそれが知れ渡ることを願った。その愛に応えようとしたマーミオンはしかるべく出陣したが、ノラム城の攻囲戦であまりの痛みにほとんど息絶えそうになった。

貴婦人たちはときに、首をかしげるような方法で騎士を鼓舞する。一四世紀初め、ダグラス城を落としたスコットランド軍は、敵の総司令官の遺体の傍らで手紙を発見した。それによると、彼の恋人は、彼が一年のあいだ城を守り抜くことができたなら身を捧げると約束していたらしい。そのような取引を持ちかけられた場合は、女性に本当にその気があるのかどうかをよく考えたほうがいい。もしかすると望まぬ求婚者を危険なところへ追いやって、厄介払いをしたいだけかもしれない。

エドワード三世がフランスで戦争を始めたときには盛大な祝宴が催された。食卓の目玉は鷺のローストだった。そのときのできごとを語る詩『鷺の誓い』によれば、その場の全員が来たる戦いで武勲を立てると誓ったという。ダービー伯の美しい娘がソールズベリー伯の片目に指をあてると、彼は、フランスの田園に火を放ち、フィリップ六世の軍隊と一戦を交えるまでその目を開かないと誓ったという。実は、この詩は誓いの慣行を物笑いの種にしている。ソール

ブルゴーニュの式典用の盾。騎士が愛する人に誓うようすが描かれている。巻物に記された言葉は「あなた、あるいは死」と読める。騎士の背後の骸骨が、結末は死であることを暗示している。

ズベリー伯はそのときすでに片目の視力を失っていた。つまり、まったく見えない状態で戦争に赴くか、まったく意味のない誓いを立てているかのどちらかなのである。だが、この詩が風刺であるにもかかわらず、一三三〇年代後半には、自分の誓いを実現すべく、たくさんの若者が眼帯をして戦場へ向かった。片目で戦ってうまくいくわけがない。彼らに眼帯を強いた恋人たちは愚かだった。

　非現実的あるいは危険な誓いを立てる必要はない。どうしてもそうしろというような恋愛相手なら別れるべきだ。もっと賢い女性がきっと見つかる。イングランド王妃フィリッパの姪でケント伯の裕福な未亡人だったエリザベス・ド・ジュリヤーズは、ユースタス・ドーベルシクールに恋をした。彼女は騎士に必要なものを賢く見抜き、献身の象徴だけでなく現実的な支援も提供した。シャンパーニュで戦っていた彼のもとへ「彼女は恋文や愛の証しとともに何頭もの軍馬や乗用馬を送った。騎士はさらなる武勲を立てようという気持ちになり、すばらしい功績を残して注目の的になった」

模擬戦（トーナメント）

　模擬戦を取り巻くすべての催しで、女性は大きな役割を担っている。騎士は（当然）きちんと礼儀をわきまえながら、女性を口説き、彼女たちの機嫌を取って楽しく過ごすことができるだろう。貴婦人たちはパレードで騎士を先導し、観客席を埋め、お気に入りの選手を応援し、ディナーやダンスを楽しむ。一三九〇年のロンドンの催しでは、女性のための賞品まであった。馬上槍試合の招待状にはこうある。

もっともすばらしい踊り手で、先に述べた三日間、すなわち日曜日、月曜日、火曜日をもっとも楽しく過ごされたご婦人には、騎士たちから黄金のブローチが贈呈されます。二番目に踊りを上手に楽しまれた方には、三日間における第二位の賞品として、ダイヤモンドをあしらった金の指輪が贈られます。

一三世紀にドイツのマクデブルクで行われた模擬戦では賞品が女性だったが、こちらは見習ってはいけない。また、模擬戦が嬉しくて女性たちが行き過ぎた行動に走ることもあるので注意が必要だ。イングランドでは、男装で見事な馬にまたがって登場した四〇～五〇人くらいの若い女性のグループが注目を集めた。年代記作家のヘンリー・ナイトンは眉をひそめたが、見物人は大喜びだっただろう。彼女たちは「不道徳な身だしなみで、だらしなく、みだらに体の線をあらわにしていた」からである。

結婚――ふたりのコンスタンスの物語

人生の計画を立てるうえで、どのような結婚をすべきかをよく考える必要がある。良妻なら、軍人という職業に必要なサポートを与えてくれるだろう。裕福な妻を迎えれば、戦にかかる費用すべてに見合う資産を手に入れることができる。結婚に失敗すると、余計な問題や気苦労を抱えることになる。

ヒュー・カーヴァリーがよい警告になるだろう。一三六八年、彼はシチリアの貴族の娘で、アラゴン王妃の侍女のひとりだったコンスタンサ〔英語ではコンスタンス〕と結婚した。彼女はかなりの支度金を持って嫁いできたが、たとえ当初は英仏戦争の英雄との結婚に有頂天になっていたのだとしても、まもなく飽きてしまった。ふたりは子どもに恵まれず、コンスタンサはヴァレンシアにある自分の邸宅を離れてカーヴァリーと暮らすことを拒み、挙げ句の果てにペドロ四世の息子フアンの愛人になってしまった。

それとは対照的に、カーヴァリーの戦友ロバート・ノールズの結婚はかなりうまくいった。彼は花嫁に富や異国風の美しさは求めなかった。彼の

鷹より最愛の人に目を向けよう。ドイツ人騎士コンラート・フォン・アルトシュテッテンの最愛の女性が、鷹に餌を与える彼の気を引こうとしている。14世紀初めの『マネッセ写本』より。

コンスタンスはヨークシャー育ちで、財産はないが気骨があった。ブルターニュでロバートと出会ったときは彼女自身も積極的に戦場で活動しており、分遣隊を率いてさえいた。彼女は子どもたちを連れて、頻繁に夫の遠征に同行した。言うまでもなく、このような形で女性が戦争に参加することはきわめてまれである。

次の行動のどれかを目標にするといいだろう。

- 自分とすべての経験を分かち合ってくれる、コンスタンス・ノールズのような妻を見つける。
- ユースタス・ドーベルシクールの例にならって、自分を愛してくれる裕福な未亡人を探す。
- 雑務をこなせる女性と結婚する。ジョン・ホークウッドのイタリア人妻ドンニーナは、教養ある有能なビジネスウーマンだった。

貴婦人たち

一三三八年、ダンバー公爵夫人アグネスは一九週にわたって彼女の城を守ることに成功した。

フランス人医師アンリ・ド・モンドヴィルは、胸が豊かすぎる若い女性が美容整形術を受けたくないというのであれば、適切な形の袋をふたつ縫いつけたシャツを着て支えてはどうかと提案している。

一三一六年、イングランド人騎士トーマス・マーダクは妻に殺害された。彼女と共犯者たちは彼をふたつにたたき斬った。

イングランド王リチャード二世づき騎士の幾人かは、女性のことばかり考えて「戦場より寝室で能力を発揮し、槍ではなく舌で防衛しようとしている」と叱責された。

一三八六年、パドヴァ軍はヴェローナ軍を破ったときに二一一人の娼婦を捕らえた。彼女たちは名誉ある扱いを受け、パドヴァの君主と食事をした。

問題

ド・シャルニーらが述べているように、ひとりの女性への献身が、遠征や戦場で偉業を達成する原動力になることはあるかもしれない。それでも、ときにはそのロマンティックな理想の実態を確認したほうがいい。女性はトラブルの原因にもなるからだ。ジョン・ホークウッドとともにイタリアで戦ったウィリアム・ゴールドの例を見てみよう。ゴールドはジャネットという名のフランス人の愛人を持ったが、彼女は自分にすでに夫がいることを黙っていた。そしてウィリアムの金の一部を持って逃げた。ウィリアムは深く傷ついて、仰々しい言葉でそれについて語っている。

> 愛はすべてを圧倒する。なぜなら、屈強な者でさえその前にひれ伏し、焦り、心を奪われ、高い塔のてっぺんから奈落の底へと突き落とされ、争うようそそのかされて、命を賭けた決闘に引きずり込まれるからだ。まさにわたしのように。ジャネットという女性を愛してやまないわたしの身に降りかかったように。

ジャネットを取り戻すために全力を注いだ結果、ゴールドは女性の名にかけて立派な武勲を立てるどころか、戦争の仕事をおろそかにしてしまった。やがて彼はジャネットを忘れた。そして女性に振り回されることなくヴェネツィアのために働き、その功で市民権を得た。

ジョフロワ・ド・シャルニーの著作には、忠実で献身的な姿以外の最愛の女性は出てこない。書物を鵜呑みにしてはいけない。自分の留守中に最愛の人がなにをしているのかを心配したほうがいい。むしろ心配して正解かもしれない。一三〇三年、エドワード一世づきの騎士のひとり、ウィリアム・ラティマーが、スコットランドへの遠征中に王に直訴した。自分の妻が誘拐された、いや、それどころかみずから進んで捕らわれたと聞いたという。国王は激怒して、法的手段を取るよう命じた。ラティマーはやがて自分の妻を取り戻す全権を得たが、彼女はすでに別の騎士ニコラス・メイニルの愛人になっていた。やがて彼女はメイニルも捨てたが、それでもラティマーのもとへ戻ることはなかった。

年代記作家フロワサールは、たがいに戦友だったルイ・ランボーとリムザンの話を聞いたという。ランボーには心底惚れ込んだ愛人がいた。そこで彼は遠征に出るときにリムザンに彼女の世話を任せた。ところがリムザンは彼女と世話をする以上の関係を持ち、そのうわさがランボーの耳に入った。ランボーはリムザンを裸にして町を歩かせ、公の場でたたきのめした。その後、ランボーは捕らえられ、リムザンになじられた。「ひとりの女がふたりの戦友に仕えることもあるのさ。おれたちみたいに」。これは真似をすべきではないだろう。

ブシコーが道を誤ることはけっしてなかったが、彼の騎士らしい道徳観を手本にできるなどと過大な期待は抱かないほうがいいかもしれない。一方、許されない関係の副産物についてはどうすべきだろう？　ウォルター・マニーにはマロイゼル（悪い女の意）とマルプレザント（不愉快な女の意）というふたりの婚外子がいたが、ふたりともさっさと女子修道院へ送られてしまった。サリー伯ジョン・ド・ウォレンが愛人を捨てたとき、彼女とのあいだにもうけたふたりの息子はホスピタル騎士団の騎士にするべく追い出された。それとは対照的に、ジョン・ホークウッドは不義の子どもたちの面倒をみた。息子のトーマスは軍人になり、英仏戦争で名を上げた。もうひとりの息子ジョンについては、ホークウッドがローマ教皇に対する自分の影響力を駆使して、教会内で出世する道筋をつけてやった。これらの例は見習うに値する。

第12章　攻囲戦

日中にわが軍の大砲がどれほど櫓（やぐら）や城壁や塔の守りを崩しても、夜のあいだに敵が、その櫓や壁の損傷を、材木や枝の束、桶いっぱいの土、肥やし、砂、小石で修復する。

『ヘンリー五世の偉業 *Gesta Henrici Quinti*』一四一五年

騎士は攻囲戦があまり得意ではない。石壁と土塁が相手では、槍や剣はほとんど役に立たないからだ。それにもかかわらず、遠征のほとんどの時間は、城や町の前に陣取って相手が降伏するのを待つことになる。もしくは、要塞にこもって敵の攻撃から壁を守るかだ。攻囲戦あるいは籠城戦は一進一退で、突撃や急襲で勢いづく瞬間はあっても、遅々として進まない。攻囲戦には、最初の正式な通告から最後の降伏まで、いろいろな決まりごとがある。

突撃

自分が包囲している城や町を突撃したくてうずうずしている気持ちはわかる。だが、適切な装備を持たずに実行してはいけない。イングランド軍が一三〇〇年にスコットランドの小さなカラヴァロック城を包囲したときは、一般兵が壁に向かって突撃したが、敵の守備隊に石を浴びせられて退却し、次に騎士が打って出た。そのようすが『カラヴァロックの歌』に記されている。

たくさんの兵が走り、跳び、全速力で進んだため、だれも口をきかなかった。だが、彼らには見えただろうか。鉄帽や兜を粉々に砕き、盾や丸盾をばらばらに破壊するかのような石が次々に飛んでくる。戦では殺傷は避けて通れない。だれかが倒れたとわかるたびに大きな叫び声が上がった。

なかでも愚かな一団が、身の安全を考えることなく、また敵の守りを突破できるチャンスがないにもかかわらず、城まで突き進んだ。

それは賢明な行動でも、すべてを理解したうえでの行動でもなかった。彼らはまるでプライドと絶望に駆り立てられて周囲が見えなくなったかのようだった。なぜなら溝のきわまでまっすぐに進んでいったからである。

盾は砕け散り、兵はあざだらけになって疲れ切っていた。突撃はまったく意味がなかった。

もしどうしても直接攻撃をしかけるなら、梯子など、城壁の上にたどり着くためのなんらかの道具があれば便利だが、危険が大きく、あまり推奨されない。一三九九年にブシコーがコンスタンティノープル近郊の城を包囲していたときには二台の梯子が立てられたが、城の守備隊の投射兵器で破壊されてしまった。そこでブシコーは、二隻の船のマストを使って頑丈な梯子を作るよう命じた。最初に上った騎士は勇敢に戦ったが武器を取られた。次の騎士見習いはな

スコットランド南西部にあるカラヴァロック城。1300年にイングランド王エドワード1世が攻囲戦を制した。この城はめずらしい三角形の設計である。

んとか突破して城壁までたどりつき、梯子が破壊されるまでに一〇～一二人がそれに続いた。だが、結局彼らは捕らえられ、数人の仲間が抜け穴を掘って城内に潜り込むまで救出されなかった。

敵の裏をかく作戦

長期の攻囲戦にはかかわらないほうがいい。途方もなく退屈で、置かれる状況も良好とは思えない。一方、代わりの手立てとなる奇襲はすぐれた戦法である。一四世紀初めにイングランドの城を次々に攻め落としたスコットランド軍はその種の戦闘が得意だった。あるとき、彼らは干し草の荷馬車に兵を隠し、荷馬車が城の門を通る瞬間に馬の引き綱を切った。荷車は立ち往生して、城の門が開いたままになった。驚くイングランド軍守備隊をよそに、干し草からスコットランド兵が飛び出し、門の外にいた兵も城内になだれ込んだ。別の事例では、スコットランド兵がみな四つん這いになって、牛のようにモーモー鳴きながら、(どう考えてもまぬけとしか思えない)見張りを完全に出し抜いて、夜間の奇襲を成功させている。

イングランド軍が占領していたエディンバラ城が一三一四年に陥落したのは、スコットランド兵のひとりが城の土台の岩を上る方法を知っていたからである。若いときにその城の守備隊員だった彼は、町の恋人に会いに行けるよう城壁を上り下りするルートを覚えていたのだ。いよいよそのときがくると、スコットランド軍は城の正門におとりの攻撃を仕掛け、そのあいだ

マルコ・ポーロの『東方見聞録』の写本。梯子をかけて町を襲撃している。

に小部隊が岩を上って城に侵入した。

敵を出し抜くことに秀でていたのはスコットランド軍だけではない。ベルトラン・デュ・ゲクランは若いころ、部下とともに木こりに扮してフジュレ城を落とすという、スコットランド軍とよく似た奇襲戦術を用いた。ガスコーニュ出身の軍人バスコ・ド・モレオンは、仲間とともに城に水を届ける女性たちに化けて成功している。こうした策略は騎士道精神に反しているように見えるかもしれないが、うまくいけば咎められることはないはずだ。

坑道を掘る

城壁を崩し、果ては城に侵入できるよう、坑夫を雇って抜け穴を掘らせることができる。ただし、坑道を作るには時間がかかる。地面が硬くて岩だらけならなおさらだ。

一三八五年、ブルボン公がシャラント川沿いにあるヴェルトゥイユ城を包囲したとき、最適な攻撃手段は梯子か坑道かで議論が重ねられた。馬に乗って現地を偵察した公爵は坑道にすると決断したが、城が岩だらけの場所にあったため穴掘りに六週間かかってしまった。これは大きな問題だった。公爵は王の命でフランドルに赴くことになっていたからである。攻囲戦を途中で抜けるのは卑怯だが、王の命令に背くわけにはいかない。ことを急ぐべく、王が金を送り、公爵は坑夫の人数を倍にした。坑道ができると、公爵みずからがその穴に入った。城の守備隊の指揮官だったモンフェランは、公爵ほど身分の高い人物がいきなりやってきたことに圧倒されて、ただちに降伏を申し出た。降伏の合意には、特定の人数の攻撃隊（ブシコーもそのひとりだった）と守備隊が、坑道の暗闇のなかで一騎討ちするという条件も含まれていた。それが終わると、正式な降伏の儀が行われた。モンフェランは公爵の前にひざまずき、部下となって仕えることを約束した。それが、少なくとも公爵の伝記の内容である。ブシコーの伝記には、坑道によってできた壁の突破口から、先陣を切って英雄が飛び込み、槍と剣、そして素手で、英雄らしく勇敢に戦ったと記されている。

坑道には対敵坑道で反撃できる。ヘンリー五世はアルフルールで壁の下に坑道を掘ろうとしたが、籠城軍によって二度も阻まれた。イングランド軍が作った穴をふさぐために敵も自軍用の坑道を掘っていたのだ。坑道と対敵坑道がぶつかれば、それを機に地下での戦いがどのようなものかがわかる。楽しくはない。

砲撃

城を落とす最適な方法はおそらく攻城兵器と大砲による砲撃だろう。ただ、騎士の出番は少ない。

一三〇〇年のカラヴァロック城で、突撃の失敗のあとに突破口を開いたのは工兵隊長ロバート・オブ・ホームだった。彼は、解体して海上輸送された四基の巨大な投石機、トレビュシェ〔トレビュシェットと呼ばれることもある〕を組み立てた。その費用の一部が勘定書からわかる。

セント・ジョージ・オブ・ダートマス号船長、サイモン・ド・リッシュに、カラヴァロックへの国王の攻城兵器の輸送ならびに風損代、および兵器によって破損したロープの代金として、七月一四日、カラヴァロックで、六シリング八ペンスを直接支払った。

トレビュシェによる砲撃は守備隊に大打撃を与えた。石が雨あられと降り注ぎ、城を破壊しながら中庭へと落下し、たくさんの死傷者を出した。まもなく降伏の申し出があった。攻囲戦全体で一週間もかからなかった。

ブシコーがペリゴール伯のモンティニャック城を包囲したときの状況からも、砲撃が有効であることがわかる。一三九八年、ブシコーはおよそ一〇〇〇人の兵を引き連れて城へ向かった。四輪の長い荷車五台で重

包囲した城に投石しようとクイヤールを準備しているところ。まさに放たれようとしている吊り具の石がはっきりと描かれている。

い攻城兵器、三台の荷車で野営用の装備、二〇〇頭の荷馬で残りの荷物が運ばれた。攻囲戦を開始するにあたって、伯爵に降伏を促す正式な書状が読み上げられた。返事はクロスボウの矢だった。突撃は成功しなかった。数人が城壁までたどり着いたが、落とされて死んだ。大工などの労働者が雇われ、投石用のトレビュシェ四基とクイヤール（図版参照）三基が設置された。大砲も城に狙いを定めた。砲撃はおよそ二か月続き、最後には伯爵が降伏を申し出た。ブシコーは、伯爵の命と手足を奪わない、兵が馬と武器を持って城を去ることを認める、という条件で合意した。結果は満足のいくものだったが、攻城には長い時間がかかり、騎士は武器を振るう見せ場がなかった。この例からわかるように、降伏をもたらすのは騎士と重騎兵ではなく、投石機と大砲である。

攻城兵器

専門知識が必要なため実際の操作は工兵や砲兵が行うのだとしても、やはり騎士も攻城兵器とその機能を理解しておくべきだろう。

トレビュシェの威力はおもりで決まる。固定を解くと、長い棒が垂直方向に跳ね上がり、石が吊り具から高い軌道で勢いよく飛んでいく。

上：城の方向へ移動する攻城櫓。胸壁に向けてはね橋が下ろされている。

左下：破城槌は頑丈な城壁を破ることができる。

右下：車輪のついたサウで城へ向かい、兵がつるはしで壁を攻撃する。守備隊は壁の前に木材を下ろして防御している。

トレビュシェ

これは最大にして最強の投石機だ。長い棒の先におもり、反対側の先に石を入れる吊り具をつけ、てこの原理を利用して石を投げ飛ばす。棒は巨大な枠のなかで回転する。おもりはときに一〇トンに達することもあり、投射前に石を下ろすときにはロープと巻き上げ機が使われる。トレビュシェはおよそ九〇～一三五キロの石を一八〇メートルほど飛ばすことができる。石がみな同じ重さであれば、かなり精度が高い。

クイヤール

トレビュシェの軽量版。おもりがふたつあり、ひとつの棒をはさむように両側に取りつけられている。クイヤールという名称は、ふたつのおもりがつけられたその形状から、睾丸を意味するスラングに由来する。

エスプリンガル

ねじり上げたロープの力を利用する攻城兵器である。まず頑丈な枠組みを作り、弓を引く二本のアームをロープにセットする。それから巻き上げ機か巨大なねじを利用して弦を引っ張る。この武器から放たれるのは大きくて太い矢だ。攻撃よりむしろ城の守りに使われることが多い。かなり強力で、矢で一度に四〜五人を貫くこともある。

サウ

これは頑丈なシェルターで、車輪をつけて城壁まで運ぶことができる。サウで相手の攻撃から身を守りながら、その下で、破城槌を使ったり、つるはしで削ったりして城壁を破壊できる。

攻城櫓

車輪がついた巨大な木製の櫓で、あらかじめ入念に準備された道を通りながら城壁まで押し

装填に時間はかかるが、砲撃は攻囲戦ではきわめて効果が高い。火薬は硝酸カリウム、硫黄、木炭を用いて作られる。発射される弾は石で、大型のトレビュシェより威力があり、城壁を破壊できる。

ていくことができる。城壁に着いたら、この櫓から城に突撃することも可能だ。イングランド王エドワード一世は一三〇一年に攻城櫓を使ってボスウェル城を攻略した。

大砲

大砲は攻城兵器のなかではもっとも近代的だ。火薬は少なくとも前世紀の初めごろから爆薬として攻囲戦で使われており、一三二〇年代にはすでに大砲の存在が知られていた。それでも、壁の破壊に大砲が使われるようになるまでには長い時間がかかった。そして大砲には依然として大きな問題がある。弾の装填に時間がかかるのだ。一日に一二発撃てれば多いほうである。いくつかの攻囲戦では威力を発揮しているが、どう考えてもトレビュシェによる攻撃を補うくらいにしかならない。また、大砲には注意が必要である。目の前で爆発することが多いため、とにかく大砲からは離れておこう。

トレビュシェのおもりに用いる鉛は教会の屋根からたくさん入手できる。

一三〇四年のスターリング攻囲戦で、エスプリンガルの太矢がトーマス・グレイの目の下を貫通したが、彼は回復した。

占い師がアンジュー公に告げた。自分は魔術で空中に橋を呼び出すことができるため、ナポリ湾の卵城を攻め落とせる。公爵は占い師を信じず、彼の首をはねるよう命じた。

トレビュシェの投石頻度は一時間に三〜四発ほどである。

一三四四年、フランスの地中海沿岸地方にあるコリウールで守備隊がトレビュシェを組み立てたが、おもりに必要な重さの計算を間違えた。そのため石は真上に飛び上がり、まっすぐ落ちてきて、兵器を破壊した。

トレビュシェのおもりは一〇トンに上ることもある。

兵糧攻め

町や城を攻め落とす手段のひとつは、そこを封鎖して食料を断つことである。だが、できるなら、その種の戦法は避けたほうがいい。封鎖するまでに長い時間がかかり、攻守ともに窮状に陥ることが多いためだ。

✣ 一三一六年、スコットランドのベリックでは、イングランド軍守備隊が馬を食べる（イングランド人がけっしてやりたくないことのひとつ）ところまで追い込まれた。騎士と重騎兵は肉にありつけたが、歩兵は骨をかじるしかなかった。

✣ アラゴン王によるサルディニアのイグレシアス攻囲戦は一三二三年に始まって七か月以上続き、敵も味方も深刻な疫病に見舞われた。町の人々はネズミや草を食べなければならなくなった。一三二四年初めに町がようやく降伏したとき、食料は一日分しか残っていなかった。

✣ 一三七三年、ブレストの攻囲戦では、降り続く雨が大問題を引き起こした。包囲していたフランス軍は食べるものがなくなり、町のイングランド人は馬を食べざるを得なくなった。やがてイングランドの船が救援にきて、作戦は失敗に終わった。

✣ ヘンリー五世によるアルフルールの包囲も、兵糧攻めで問題が生じた一例である。部隊に赤痢が蔓延したために、ノリッジ司教とサフォーク伯が命を落とし、戦闘そのものよりも多くの兵が死亡した。

交渉

攻囲戦には多額の費用がかかり、それが長期におよぶこともある。そこで降伏を促す交渉をする必要が出てくる。町や城を守っている人物にいくらかの満足感を与える、つまり彼らの名誉が保たれていると感じさせることを厭わないのが一番だ。無条件降伏を要求し、守備隊ががっくり肩を落として城を出ることを期待すると、交渉ははるかに難しくなる。

守備隊に金を渡して追い出すこともできる。イングランド軍は一三七五年、ノルマンディーのサンソヴェール城で、五万三〇〇〇フランを受け取る代わりにそこを明け渡した。ただし金銭は問題を引き起こすこともある。多額の金を受け取ることが不名誉だとみなされるためだ。サンソヴェールの降伏は、一三七六年の国会で弾劾されたウィリアム・ラティマーの罪状のひとつになった。可能なかぎり、全員の面目が保たれるよう努力しよう。

援軍がこないという条件つきだが、一定期間を経過した場合に守備隊が降伏するという取り決めを交わすことはよくある。バノックバーンの戦いではそうした取引が結ばれ、一三一四年、スターリング城のイングランド軍が、夏至までに援軍がこなければ降伏することで合意した。もっとも、この戦いではイングランドの援軍は間に合った。けれども、城に到達する直前でスコットランド軍に妨害され、会戦で敗れたために、結局は城も降伏したのである。サルディニアのイグレシアスでは、一三二四年二月一三日までに援軍がこなければ降伏すると合意にいたったが、実際には絶望した守備隊が一週間早く降参している。

町や城の略奪

町や城との降伏交渉が成立しないなら、包囲軍は軍法に則ってその町や城を略奪していいことになっている。これはかなり残虐な行為に発展することもある。一三七〇年にリモージュを略奪した黒太子とその兵の事例は、ことのほか暴力的だったことでよく知られている。坑道が掘られて壁が崩れると同時に、イングランド兵がなだれ込み、最悪な行為におよんだ。フロワサールはそのできごとを痛ましく感じている。

> リモージュの町でこれほどまでに心を痛め、信仰心を失い、目の前で繰り広げられる不幸なできごとを深く嘆き悲しんだ日はほかにない。三〇〇〇人もの男や女や子どもたちが、その日、死に追いやられた。

けれども、法の観点に立てば、市民の側が王太子に対する反逆罪を犯したのであり、その結果としてリモージュが力ずくで奪われたのだ。多くの人が残虐だと思ったとしても、イングランド軍にはそうする権利が十分にあったことになる。

防衛

攻囲戦は必ず成功すると思ってはいけない。とりわけ大きな町や都市を包囲するとなると失敗に終わることが多い。イングランド軍はフランスとの戦いで、一三四〇年にトゥルネー、一三五九～六〇年にはランスを落とせなかった。実際のところ、一三四六～四七年のカレーの攻囲戦だけが唯一本物の成功例である。

騎士は、包囲されている城を防衛する立場に置かれることもある。守備隊の戦い方も包囲軍とよく似ている。

- 突撃に対しては同じように突っ込んで反撃できる。
- 慎重に対敵坑道を掘れば、地下で包囲軍の坑夫を攻撃できる。
- 自分たちの攻城兵器を、城に投石している敵に向けることができる。
- エスプリンガルとクロスボウは特に、敵を狙い撃ちするときに有効だろう。
- 魚釣りのように相手を引っ掛けて引き寄せてもいい。ありえないように思われるが、うまくいくことがある。一三〇四年のスターリング攻囲戦で、ヘンリー・ド・ボーモントは相手に引っ掛けられて、城まで引きずられそうになった。

包囲されている状況は楽しいものではない。だが、敵のだれかに一騎討ちを挑んで一時的に憂さを晴らすことはできる。そうすれば手柄を立ててさらに名を上げることもできるだろう。自分の町や城が包囲されたなら、かなり長期にわたってそこで耐えたほうがいい。そうすれば、のちに降伏したときに背信行為や騎士らしからぬ行動を取ったと非難されずにすむ。最後の最後までがんばり続けることだけはやってはいけない。そこまでの飢えと苦痛は耐えるに値しない。

第13章　会戦

旗を前へ！　神よ、みなが立派に務めを果たせるよう、
われらを守りたまえ。
ランカスター公。ジョン・チャンドスの軍使による
一三六七年

勇ましい騎士なら当然、会戦で戦いたいと思うはずだ。ジョフロワ・ド・シャルニーにとって、会戦は騎士の腕の見せどころである。とはいえ、危険のことも考えなければいけない。騎士の誉れの頂点だとばかりに、みずからの武勇を示すべく戦場に馬で乗り入れる前に、一三九六年のニコポリスの戦いが終わったあとの状況を思い出すといい。捕らえられたブシコーは、多くのキリスト教軍と同じように処刑されることを覚悟しながら、下着一枚でトルコ人スルタンの前に立っていた。それだけは避けたい。

戦うべきか

たくさんの大規模会戦で戦えると思ってはいけない。ブシコーはたったの三回だった。よ

く考えれば、会戦についてまわる危険はそこで得られるものより大きいことがほとんどである。一三三九年のビュイランフォッスで、イングランドとその同盟軍は丸一日フランス軍とにらみあったが、戦闘は起きなかった。両者があまりに互角だったので、戦っても無駄だと考えられたためである。しかし、会戦がなければ戦争は終結しないと主張する人もいる。戦いが神の前で繰り広げられる試練であるなら、自分たちこそが正義だと、その戦いを通して証明したくもなるだろう。よって、部隊を戦わせることに前向きな司令官がいる。

1356年のポワティエの戦い。フロワサール著『年代記』の写本より。この典型的な会戦の光景では、勝利したイングランド軍が左側に位置しており、同軍の弓隊が馬に乗ったフランス軍の前衛に矢を射っている。

残忍な襲撃でフランスの田舎を破壊するというエドワード三世の戦略はむろん、あまり乗り気ではないフィリップ六世を戦場へ引きずり出すためだった。イングランド王は一三四六年にクレシーでようやくそれに成功した。

一三九六年、ニコポリスの十字軍は、オスマン帝国と戦うという神聖な使命を負っていると思っていたため、会戦に意欲的だった。

好戦的なヘンリー五世は一四一五年のアルフルール占領だけでは満足できず、北に進軍を続ければフランス軍と交戦できると考え、アジャンクールでそれを果たした。

あらかじめ作戦を立てる

前もって戦術を考えておくのはいいアイデアだ。名高い騎士ならそうする機会もあるかもしれない。最近では、一四一五年のアジャンクールの戦いの前に、ブシコーが対イングランド作戦を練っている。前戦に立つのは二個大隊だ。片方は前衛隊だが、合流してひとつの部隊にすることもできる。両側面に回るふたつの歩兵隊では、弓隊を前方に配置する。予備隊である一〇〇〇人規模の重騎兵大隊はイングランド軍の弓兵を攻撃する役目を担い、二〇〇人規模の小さな予備隊は右から回り込んでイングランド軍の物資輸送隊を後方から襲撃する。結果はどうだったか。イングランド軍が幅の狭い戦場を選んでそうした戦術の裏をかくことに成功し、

1346年、クレシーの戦い。イングランド軍は風車がある坂の上に陣取った。弓隊の前に掘られた穴は、敵の騎兵から身を守るためのものだ。フランス軍は地形のせいで非常に不利な立場に置かれた。

フランス軍は杭で陣地を守ったイングランド軍の弓兵を排除することができなかった。
ブシコーのように作戦が紙に書かれることはまれだが、アジャンクールのフランス軍が敗れたとはいえ、あらかじめ計画を立てるに越したことはない。イングランド軍がクレシーとポワティエの戦いできちんと事前に作戦を立てていたことは、あらゆる証拠が裏づけている。一方、ニコポリスの十字軍は混乱状態だった。仮に作戦があったのだとしても、適切に実行されなかったに違いない。

適した地形

自分の戦い方に適した地形を選ぼう。

✣ バノックバーンの沼地を馬で進むことは難しかった。

✣ クレシーでは、両軍のあいだにある谷のイングランド陣営側に、小さいながらも高さが一八〇センチほどの切り立った崖があり、フランス軍騎兵の行動を難しくした。フランス軍は敵の陣地へまっすぐに進軍することができず、逃げ道のないきわめて不利な状況へと追い込まれてしまった。

✣ ポワティエでは、石壁と生け垣がイングランド軍にとって格好の防衛手段となり、フランス軍にとって難しい状況を作り出していた。

地形が不利な場合は変えることもできる。前線の手前に小さなくぼみを掘れば、敵が突撃してきたときに馬を足止めして、守備陣地を強化できる。一三〇七年のラウダン・ヒルの戦いでは、ロバート一世が塹壕を掘らせて故意に戦場の幅を狭めた。カスタニャーロではジョン・ホークウッドが、勝負の決め手となる側面攻撃を行う騎兵隊のために、あらかじめ道を作っていた。

士気

戦うにはまず気持ちからだ。よって、会戦前は部下を叱咤激励しよう。司令官は通常演説でやる気を高めようとするが、武器や防具を準備する兵や馬の物音がする戸外では、話を聞き取るのが難しい。一三五六年のポワティエでは黒太子が騎士と重騎兵、そして弓兵にそれぞれ一度ずつ演説したと言われている。彼は兵たちに、みなは真のイングランド人の子孫だと告げた。

> わが父、そしてわが祖先であるイングランド王たちの配下の者は、どのような労働も苦痛とは思わず、征服できない場所はなく、通れない道はなく、どれほど高い山でも到達でき、上れない塔はなく、いかなる軍勢も突破し、武装兵も大軍も恐れなかった。

黒太子は能弁だが、そこまで話上手である必要はない。ジョン・ホークウッドも自身の兵を鼓舞するにあたって苦労したことはなかったが「口より先に手が出た」と言われている。

兵士の心理状態を読むことは難しい。アジャンクールのイングランド軍は、アルフルールからの進軍で疲れ切っていたうえ、多くの兵が赤痢に罹っていた。激しい雨のなか、音を立てるなと命じられて、戸外で一夜を明かしてみるといい。翌朝の気分はよくないに違いない。イングランド軍が自分たちより大規模な敵軍に立ち向かう会戦の直前の雰囲気はそんな風だった。ヘンリー五世は士気を高めようと最善を尽くしたが、その戦いで死ぬ覚悟ができていると告げる彼の言葉を聞いて、戦いの勝利は自分たちのものだと確信できるはずもない。ところが、ヘンリー五世の明らかな決意は兵の心を動かした。どういうわけか、ほとんど奇跡のように、イングランド兵は自分たちが勝てると確信した。絶望的な状況が勝利への意気込みに変わったのである。

口論しない

口だけならなんとでも言える。よくある敗北の原因のひとつは、戦闘前の口論が多すぎることである。

‡　バノックバーンの戦いでは、グロスター伯とヘレフォード伯のあいだで、だれが先陣を切るかをめぐって口論になった。その後、グロスター伯の自滅的な突撃が仇となっ

てイングランド軍が敗れた。

✣ クレシーの戦いの前には、攻撃すべきかどうかをめぐってフランス軍内で多くの口論が生じた。がむしゃらに前進するよりも軍を休ませたほうが理にかなっていただろう。

✣ ニコポリスの戦いでは、フランス＝ブルゴーニュ軍の騎士がハンガリー王ジギスムントの軍隊と適切に協力しなかったため、十字軍が分裂してしまった。

もっとも、司令官がもめるのは敗者側だけではない。一三六四年のオーレーの戦いでは、ヒュー・カーヴァリーが後衛部隊の指揮を命じられて反発したが、それでもイングランド＝ブルターニュ軍が勝利した。しかし、妥当な戦術に異を唱えれば、いざ戦闘になってから不利な状況に陥りやすいと考えてまず間違いない。与えられた命令は潔く受け入れて、もめないようにしよう。

条件つきの戦闘は避ける

敵が同条件で戦おうと挑んでくることがある。ポワティエの戦いの前、ド・シャルニーは両軍が一〇〇人ずつの兵で戦って勝敗を決めてはどうかと提案した。そのような誘いは断るべきである。普通に考えて、戦いは自分に有利な方向で進めたい。

この種の衝突でよく知られているのは、一三五一年にブルターニュで行われた三〇人の戦いである。このときは、ジャン・ド・ボマノワールが敵のイングランド軍司令官に、両軍とも三人の闘士で勝負しろと挑んだ。イングランド軍はそれを拒み、決められた場所で二〇〜三〇人ずつで戦ってはどうかと返答した。開始の合図、休憩時の飲み物（アンジュー産ワイン一本ずつ）などのルールが決められた。長く激しい戦いは、フランス軍の勝利に終わった。イングランド軍の司令官と八人の騎士が殺され、残りは捕虜になった。騎士道に照らせばこれは栄誉ある戦いで、生き残った者たちは常に敬意をもって扱われる。とはいえ、負けは負けである。条件つきの戦闘がいいとは言えない。

ヒュー・カーヴァリー

チェシャー出身のヒュー・カーヴァリーの戦歴は一三四〇年代初めのブルターニュから始まり、およそ四〇年ほど続いた。彼はロバート・ノールズの戦友である。カーヴァリーは一三六一年にベルトラン・デュ・ゲクランを捕虜にし、一三六四年にはオーレーで戦った。一三六六年にはスペインでかつての敵ゲクランと肩を並べて戦い、翌年は黒太子とともにナヘラに赴いている。カーヴァリーは一三八〇年代初めごろまでイングランドの対フランス戦争で重要な役目を担い続けた。一三八三年のノリッジ司教十字軍によるフランドル地方遠征が最後の戦役となった。一三九四年に死去。

騎馬戦

騎士の伝統的な戦い方といえば騎馬戦である。会戦が始まるときの騎兵隊は堂々として見える。一三〇七年、スコットランド軍にまさに突撃しようとするイングランド軍騎兵隊のようすが、スコットランド王ロバート一世の伝記作家ジョン・バーバーの手で記されている。

> 兜がみな太陽を受けてまばゆく輝き、槍、槍旗、盾が戦場を明るく照らした。華やかに刺繍されたこの上なくすばらしい旗、さまざまな毛色の馬、色とりどりの紋章、小麦のように真っ白な鎖帷子によって、彼らは天の王国から降り立った天使のようにきらめいていた。

守備隊の前線で、軍馬がぶつかり合うまで立って待っている者にとって、突撃は恐ろしい。ロバート一世の伝記からはそのようすもわかる。

近くに寄ると、槍が折れる激しい衝突の音が聞こえるだろう。敵がまず、伯爵とその騎士全員を踏みつけんとばかりに、威圧的に全力で軍馬を走らせながら襲ってくる。

騎馬戦では次の方法で戦いに挑むといいだろう。

- 突撃するときはゆっくりスタートして、味方の騎士と並んで走る。
- われ先にと駆け出さないこと。拍車をかけるのは敵に十分近づいてからだ。
- 槍は最初の一撃でしか役に立たない。多くは壊れ、そうでなければ放り出される。
- 敵の前線を通り抜けたら白兵戦になる。近接戦に最適な武器は剣だ。
- 可能なら、敵の前線を突き抜けて、向きを変えて後方から突撃する。

馬に乗って戦えば高さの点では有利だが、馬は弓兵や長柄武器（ポールウェポン）を手にした歩兵に弱い。

混乱状態になったら、馬に乗り続けることは難しいかもしれない。アラゴン王ペドロ四世は若いころ、サルディニアで行われた戦いで突撃した。彼はたちまちのうちに槍を失い、落馬したが、そのまま戦い続けた。彼が受けた攻撃は一九回を下らなかったが、彼がみずからヴィラデルと名づけた剣を手に取るやいなや、敵軍は取り乱して後退し始めたという。

騎馬戦がうまくいくことはある。フランスの騎兵隊は一三二八年のカッセルの戦い、またフランス＝ブルゴーニュ軍の騎兵隊はヘントの町を降伏させた一三八二年のローゼベーケの戦いで、それぞれ勝利を収めた。ポワティエでフランス軍にとどめを刺したのは、ガスコーニュ出身のカプタル・ド・ブッシュが指揮していた騎兵隊である。しかしながら、この戦法は大きな問題を生むこともある。

馬に乗った騎士の敗北

騎士にとっては厄介なことに、最近の歴史を見るかぎり、馬に乗ったまま戦おうとすると敗北する可能性が高い。

‡　一三〇二年のクールトレの戦いでは、馬に乗らずに戦ったフランドルの町の人々が、フランス騎士道の手本とも言うべき相手を破った。

‡ 一三一四年のバノックバーンの戦いでは、イングランド軍の騎兵隊がスコットランド軍の槍兵隊に倒された。

‡ 長い斧槍（ハルバード）を携えたスイス軍歩兵隊は、一三一五年のモルガルテンの戦いで、騎士で構成された騎兵隊相手に勝利を収めた。

‡ スイス軍歩兵隊は一三三九年にはラウペンで、貴族の騎兵隊に勝利した。

‡ イングランド軍はクレシーでフランス軍騎兵隊を見事なまでに打ち破った。弓も重要なポイントだったが、白兵戦になって下馬したイングランド軍の騎士と重騎兵がその立役者だった。

‡ 一三六七年のナヘラの戦いでは、黒太子の軍勢が、カスティィリャの王座を狙うトラスタマラ伯エンリケの騎兵隊を破った。

‡ 一三八五年、アルジュバロータの戦いでは、弓兵を含め、馬から下りたイングランド軍の支援を受けたポルトガル軍が、フランス＝カスティィリャ軍を打ち負かした。

‡ 一三八六年のゼンパッハの戦いでは、スイス軍歩兵隊がオーストリアの騎兵隊を負かした。

一三九六年の十字軍によるニコポリスの戦いは、馬に乗った騎士が敗北した最新の例である。そこではブシコーが、尋常ではないほど勇敢に戦った。立派な軍馬に拍車をかけ、剣を片手に、

1346年のネヴィルズ・クロスの戦いを想像して描かれた絵。フロワサール著『年代記』より。手前では、馬にまたがった騎士が槍と剣で戦っている。

オスマン帝国軍のあいだを駆け抜け、馬の向きを変えて仲間の助太刀をした。それでも、彼は捕らえられてしまった。彼の伝記作家によれば、戦況はサラセン人二〇人に対してキリスト教徒ひとりの劣勢だったという（真偽のほどは定かではない）。その作家は、戦いに敗れたのはハンガリー軍のせいであって、かくもの勇気と豪胆さを見せた気高いフランス人騎士たちのせいではないと考えているが、騎士が負けたという事実は揺るがない。スルタンのバヤズィトに勝利をもたらしたのはオスマン帝国軍の弓兵だった。馬に狙いを定めることで、ブルゴーニュ公の騎兵隊の半分を滅ぼしたのである。

下馬しての戦いに備える

このように、馬に乗った状態で戦うことは危険を伴うため、考え直すべきだろう。最適な戦術は、仲間、つまり騎士、騎士見習い、重騎兵と密集して、馬を下りて敵に立ち向かうことである。イングランド軍が最初に編み出した戦術だ。

✣　イングランドは一三二七年、騎士と重騎兵に対して、貴重な軍馬をスコットランド討伐の遠征に連れ出さないよう指示を出した。そこで兵たちは馬に乗らずに整列したが、このときはスコットランド軍が退却したため戦闘にならなかった。

✣　一三三二年、小規模編成のイングランド軍がダップリン・ムーアの戦いで下馬してスコットランド軍と戦ったときは、大成功だった。数で勝るスコットランド軍が有利にならないよう理想的な守備陣地を選んだイングランド軍は、前線に進んでくる敵軍をことごとく打ちのめした。この戦法は一三三三年のハリドン・ヒルの戦いでも繰り返されている。

一三四六年のクレシーの戦いでも似たような戦術が用いられ、イングランド軍は馬に乗っていない騎士と重騎兵の両脇に弓兵を配置した。

徒歩で進軍してはいけない

戦うときには徒歩が望ましいが、歩いて進軍して疲れ果ててしまってはいけない。ポワティエの戦いで、フランス軍はスコットランド人ウィリアム・ダグラスの助言に従って騎兵の大半を馬から下ろした。けれども、このときのフランス軍は守備陣地で戦うのではなく、イングランド軍の前線へ進軍する側だった。そのため、敵と交戦するまでに体力を使い果たし、激しい白兵戦に立ち向かうどころではなくなってしまった。

アジャンクールの戦いも同じで、フランス軍はイングランド軍の陣地に到着するまでに消耗しきっていた。ぬかるみのなかを徒歩で進み、イングランド軍の弓兵に矢で狙われるのはおもしろくない。重い装備を身につけていればなおのこと、戦い始める前に息が上がってしまう。よって、なにをするのであっても、徒歩で進軍してはいけない。下馬して戦うという発想自体が、強固な守備衛陣地を作って敵の攻撃を待つことを前提としている。

弓兵に注意する

イングランド軍のおもな勝因のひとつは、長弓（ロングボウ）を使っていることである。彼らの弓はシンプルだが致死性の高い武器だ。訓練された兵なら一分に一二本の矢を射ることができ、有効射程は一八〇メートルを超える。自分に向かってシュッと音を立てて飛んでくる矢の大群は恐ろしい。馬への影響は特に大きく、刺さると痛い矢の嵐に狂ったようになって、跳ね上がったりひっくり返ったりする。弓の有効性はクレシーとポワティエの戦いで証明されている。

イングランド軍の弓兵の活躍は遠方までおよんでいる。アルジュバロータの戦いでは、イングランド＝ポルトガル軍の弓兵が「あまりに激

イングランド軍の長弓は通常長さが 180 センチ以上ある。矢を射るためには強い腕力と訓練の積み重ねが必要だ。1340 年ごろの写本に描かれているこの弓兵は、20 本以上の矢が入った矢筒を携えている。

しくまたすばやく矢を射ったために、馬が矢だらけになって次々に倒れた」という。ジョン・ホークウッド指揮下の弓兵は、一三八七年のカスタニャーロの戦いで勝利に大きく貢献した。オスマン帝国軍の弓兵もまた恐れられている。オスマン帝国兵はイングランド兵のように弦を後ろのほうまで引かない。耳まではなく口ひげの辺りまでだ。それでも彼らの弓の威力は大きく、矢は脅威である。

弓兵に対処する方法はいくつかある。一三六四年のオーレーの戦いで、イングランド軍の弓兵は、強固な鎧で身を固めて盾を効果的に用いたフランスの騎士と重騎兵の返り討ちにあった。あまりの密集隊形に「りんごを投げたら地面に落ちる前に必ず兜か槍にぶつかりそうだった」という。

白兵戦での戦い方

戦いのさなかに起きるものごとについては説明が難しい。馬がいななき、兵が怒鳴り合い、剣がぶつかり合う音で耐えられないほど騒々しい。バーバーが記したロバート一世の伝記にはこうある。

> ひっきりなしに聞こえてくる衝撃音、武器が甲冑に当たる音、槍が折れる音、押しつ押されつするなかでの怒鳴り声やうめき声、敵に襲いかかるときの叫び声、そして傷を負わ

せたり受けたりしたときの両軍の味方を鼓舞する声がして、耳を塞ぎたくなるほど恐ろしい。

仲間と離れないようにすること。孤立はきわめて危険だ。周囲の状況を常に把握しておき、全力で戦う。戦いはおそらく長くは続かない。長くても数時間だ。運がよければハーフタイムの休憩があるかもしれない。一三四六年のネヴィルズ・クロスの戦いでは、少なくとも一度、息を整えるために両軍が武器を下ろす時間が設けられた。

中央ではさまれた状態にならないように気をつけよう。背後の兵は前進しようとするが、前線にいる兵は動けないため、圧力が途方もなく大きくなる。一三三二年のダップリン・ムーアの戦いと一四一五年のアジャンクールの戦いがまさにそうで、すさまじい結果を迎えることになった。前線へと押された兵が仲間の上によじ登った。下敷きになった兵は窒息し、死者と死にゆく者が山積みになった。アジャンクールでそれを目撃した人物は次のように表現している。

殺された兵と、味方に押し潰されて横たわっている兵があまりにも大きな山になったため、わが軍の兵は、人の頭ほどの高さもあるその山によじ登り、剣や斧などの武器で下にいる敵をたたき斬った。

会戦における戦いは誉れ高く、騎士としての自分の腕前を示す輝かしい機会だ、などと思わないほうがいい。戦場は騒々しく、ごった返していて、まったく恐ろしい場所になる。年代記作家ヤン・ドゥウゴシュが記している一四一〇年のタンネンベルクの戦いの白兵戦が、その一例だ。

槍が折れ、甲冑がぶつかり合ってものすごい音を立てる。剣がぶつかるガチャンという音が響き渡る。それはまるで巨岩が割れたような音で、数キロ離れた場所でも聞こえてくる。騎士が騎士に襲いかかり、甲冑が甲冑の下でつぶれ、剣が顔に当たる。全員が隊列の間隔が詰められ、

1385年、アルジュバロータの戦いの白兵戦は激しかった。ここでは兵士が弓や槍だけでなく、手が届くほどの至近距離で戦っている。

もつれあって団子状態になり、臆病者と勇敢な者、大胆な者とのろまな者の区別がつかない。

この種の戦闘は英雄が生まれるチャンスにもなる。ジェイムズ・オードリーは、エドワード三世あるいはその息子がかかわるすべての戦闘で最前線に立つと誓い、一三五六年のポワティエの戦いでそれを実行した。フロワサールは次のように記している。

> 彼は体、頭、顔に深い傷を負ったが、それでも力と息が続くかぎり戦い続け、前へ進み、血まみれになるまでそうしていた。戦闘が終わるころになってようやく、彼の護衛を務めていた四人の騎士見習いが、傷だらけですっかり弱ってしまった彼を抱え、戦場から連れ出した。

オードリーは生き延びて、その戦いでもっとも勇敢だった騎士として黒太子から称賛を受けた。だが、彼を手本にするなら、かなりの危険を覚悟しなければならない。

会戦

二日にわたって戦闘が続いたバノックバーンの戦いは、一四世紀の会戦では最長だった。

クレシーの戦いでは、エドワード三世は戦闘に直接参加せず、会戦を眺められる風車の近くにとどまっていた。

会戦前にもっとも騒がしいのは、太鼓、ラッパ、どら、笛で音を鳴らすイスラム軍である。

イングランド人騎士モーリス・バークリーは珍しいことに、イングランド軍が勝利したポワティエの戦いでフランス軍に捕虜にされた。

タンネンベルクの戦いでは、兵が酔っ払うことを恐れたポーランド王が、ドイツ軍補給隊の荷車で見つけたワイン樽の破壊を命じた。

英雄になろうとしない

むろん、騎士たる者は勇敢でなければならない。だが、一部の人間のように深刻に考えすぎる必要はない。ひとりで全軍を倒すことは不可能だからだ。

‡ バノックバーンの戦いの初日、「気持ちも行動も大胆な」ウィリアム・デインコートは、

たったひとりでスコットランド軍歩兵隊の列へ馬で乗り込んだ。彼は馬から落とされて殺された。身代金について考慮されることさえなかった。

✣

バノックバーンの二日目、若きグロスター伯が単独でスコットランド軍に突撃した。冷静な随行団の騎士たちは同行しなかった。もちろん伯爵は殺された。

✣

バノックバーンの戦いの終わり、ジャイルズ・オブ・アージェンタインは負けたまま戦場を去ることに耐えられず、最後に一度だけ捨て身の突撃を行った。「わたしはけっして逃げたりしない。尻尾を巻き、恥をさらして生きるくらいなら、ここに残って死ぬことを選ぶ」。彼の評判は世に残ったが、彼は残らなかった。

✣

一三六七年のナヘラの戦いでは、ウィリアム・フェルトンが「大胆かつ勇敢に馬にまたがり、気が違ったかのように敵に突っ込んでいった」。彼は槍でスペイン人ひとりを殺し、剣を引き抜いてふたり目と戦ったが、そこで乗っていた馬が殺されて、自分も死んだ。

こうした騎士らしい偉業は立派かもしれないが、これらは戦争とは言えない。

14 世紀末の剣。

敵を侮らない

ブシコーの初陣となった一三八二年のローゼベーケの戦いのとき、まだ一六歳だった彼は、巨大なフラマン人の重騎兵と剣を交えることになった。フラマン人はブシコーの斧を手からたたき落として「おまえは帰って乳でもすすってろ。こんな子どもが戦うとは、フランスには一人前の男がいないとみえる」と言い放った。ブシコーは斧を失って動揺したが、すかさず短剣を引き抜き、男のわきの下を突き刺して殺しながらこう言った。「貴様の国の子どもはこういう遊びはしないのか？」

現実には戦場で多くの子どもに出会うことはまずないが、予想外の展開には気をつけたほうがいい。歩兵との白兵戦に突入する会戦の後半で、最悪の事態に発展することはよくある。甲冑もたいした装備もなく、見たところさして強そうでもない歩兵が、短剣やナイフを持っていて、深手を負わせる。

十字軍の遠征では、神が味方についているのだから自分は敵より強いと思い込んでしまう者がいる。ニコポリスの結果を見ればわかるが、その考え方は危険だ。相手がトルコ人なら、向こうもこちらと同じように自分たちの神が味方についていると自信を持っている。相手がリトアニア人なら、向こうはあまたの神々全部が自分たちの大義を支えていると信じている。

火薬兵器

これについては心配は要らない。戦場では使いものにならず、しばらくその状況は変わらないだろう。イングランド軍はクレシーの戦いでいくつか大砲を使った。大きな音がして、煙がたくさん出たが、ほとんどなにも達成できなかった。問題のひとつは、弾丸の装塡に時間がかかりすぎることである。イタリア人はその問題をなんとかしようと、一〇〇門を上回るたくさんの大砲を載せた荷車のような兵器を作り、強力な一斉射撃を行おうとした。一三八七年のカスタニャーロの戦いでヴェローナ軍がそれを試してみたが、うまくいかなかった。

誓いは忘れる

騎士ならおそらく武勲を立てる誓いをしたはずだ。だが、ジェイムズ・オードリーを見ればわかるように、それが会戦にかかわる誓いだった場合はきわめて危険である。たとえば一三五二年にブルターニュのモーロンの戦いで星章騎士団の八九人の騎士が命を落としたのは、戦場からけっして逃げないと誓っていたからだった。ボヘミアの盲目の王ヨハン・フォン・ルクセンブルクがクレシーの戦いで頑なに争いに参加しようとしたのは、彼が立てた誓いのためだった可能性はおおいにある。誓いを破っても赦しを得ることができる。おそらくは酔っ払ったときに立てたであろう愚かな約束ごとのために、無駄に危険に身を投じる必要はない。

負けたらどうなるのか

兵は会戦で死傷する。そして簡単に身を守れる方法はない。確かな数字はわからないが、多くの死者がたびたび報告されている。クレシーの戦いの死者は君主が九人、騎士が一万二〇〇〇人、一般の兵士が一万五〇〇〇〜六〇〇〇人だと述べている年代記作家ジャン・ル・ベルの報告は大げさだが、死者がかなりの数に上ったことは間違いない。

自分が敗走する立場に置かれたら、犠牲がたくさん出るのはそのときだと思い出そう。退路をふさいでいる川はとりわけ危険だ。渡れなければ溺れてしまう。バーバーによるロバート一世の伝記に描かれたバノックバーンの戦い後の場面は、まさに恐怖でしかない。

真実を明かすなら、彼らはすくみ上がって、恐怖のあまり一目散に逃げ出した。多くがフォース川へと向かい、そのほとんどが溺れ死んだ。小さなバノック川（バーン）は死んだ人間と馬でいっぱいになり、人々は足を濡らさずにその上を歩いて渡ることができた。

一三六七年、スペインのナヘラの戦いでは、終結後、敗北軍の多数の兵が、敵に殺されるよりましだとばかりに川へ飛び込んで溺れ死ぬことを選んだと言われている。負けそうになったとき逃げる代わりに水の墓に入るのがいやなら、敵の騎士を見つけて降伏するといい。自分を捕らえた人間に身代金を払う必要はあるが、命に比べれば安いものだ。それも気に入らないなら、甲冑を脱ぎ捨てて隠れよう。やがて逃げ延びることができるかもしれない。パニックになって急いで逃げることだけはしてはいけない。間違いなく殺される。

第14章　身代金と戦利品

このユースタスという人物は（中略）身代金、町や城の売却、さらには領土や家々の奪還、護衛の仕事を通して、巨万の富を手に入れた。

フロワサール『年代記』一三五八年

騎士の訓練ではおそらく金儲けの方法は学ばないだろう。騎士道の価値観に気前のよさは含まれていても、起業家精神やビジネスの手腕についてではない。ジョフロワ・ド・シャルニーの著書にいくらか助言はあるが、戦争で巨利を得たい者の参考にはならない。戦利品を手に入れたり利益を上げたりすることに重きを置きすぎないよう警告しているからだ。そうしたものは名誉ほど長く残らないというのがその理由である。彼は、見せびらかしや見栄えに夢中にならないよう忠告し、金を使いすぎれば武功がおろそかになると指摘している。つまり、収入と支出が釣り合っているのがいいということだ。ド・シャルニーにとって最高の騎士とは、武勲を立てるべく、危険をものともせずに困難に立ち向かい、個人の名誉以外に報酬を期待しない人物である。

ド・シャルニーには見えていなかったのかもしれないが、戦争は巨大ビジネスである。リスクを見定める必要はあるが、金になる。ただし、投資した金は増えることもあれば減ることもあると覚えておこう。身代金は利益が上がる。金を取って町や村を守れば、かなりの額を容易に稼ぐことができる。戦利品は獲得し放題だ。つまり、その道に明るい人間ならばひと財産築くことができるが、多くはそうしていない。

身代金

敵を捕虜にすれば身代金を要求できる。これには明らかな利点がある。かなりの利益を上げられると同時に、敵を殺す意味がなくなって戦闘の危険が小さく

身代金の支払い。1387年、ブルターニュの英雄ジャン・ド・ボーマノワールが、フランス軍総司令官オリヴィエ・ド・クリソンを解放するために、ブルターニュ公の代理人に10万フランを手渡しているところ。

なるのである。一三六四年のオーレーの戦いの直前、イングランド軍の司令官ジョン・チャンドスは戦わずに交渉を試みようと考えていた。ところが、騎士と騎士見習いの集団がどうか交戦してほしいと彼に懇願した。自分たちには金がない、と彼らは言った。よって戦争で取り戻したい。

一方、身代金が考慮されない戦闘もあるため注意が必要だ。そうした状況は、敵に捕まれば殺されるかもしれず、自分が勝っても金が入らないため、極力避けるに越したことはない。一三〇二年のクールトレの戦いでは、フランドル軍が身代金を取らなかったため、結果として、フランス軍の死者が膨大な数に上った。クレシーの戦いでは、フィリップ六世とエドワード三世の両国王がその戦いを極限までの戦い（ゲール・アルトランス）と呼んで、情け容赦なく攻撃するよう命じた。つまり、どちらの王も、降伏や身代金といった戦場ビジネスで兵の気が散ってしまうことを望まなかったのである。結果として、イングランド軍が身代金目当てに捕虜にした人数は、通常の大勝利に期待される数よりはるかに少なかった。また、スイス人には特に気をつけたほうがいい。彼らは金に関心がなく（今後もずっとそうだろう）、原則として身代金を求めてこない。一三八六年のゼンパッハの戦いでは、オーストリア公と多数の騎士が殺された。

捕虜にする

激戦で敵に深手を負わせないよう気をつけよう。死んだ捕虜にはまったく価値がない。

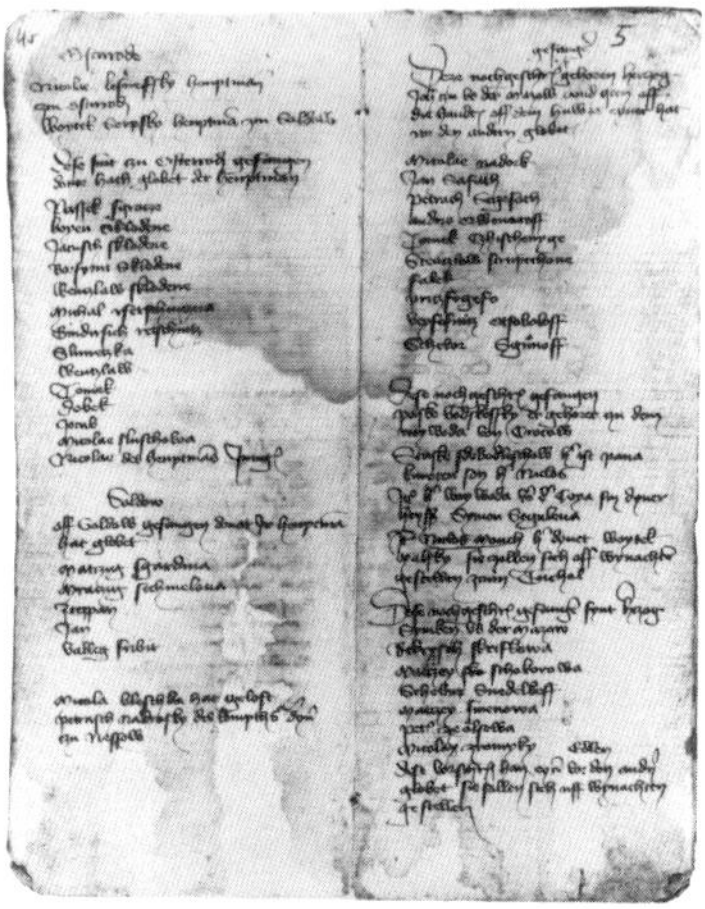

タンネンベルクの戦いで捕虜になったドイツ騎士団の団員リスト。1410年11月に作成されたもの。ほとんどの騎士は戦闘中に死亡し、捕虜になった者の解放には巨額の身代金が求められた。

一三六〇年代半ばにギシャール・ダルビゴンがジョン・エイモリーを捕らえたとき、エイモリーはひどい傷を負っていた。ギシャールは近くの町へ彼を運んで、命を救おうと最善を尽くしたが、残念なことにエイモリーは出血多量で死亡し、多額の身代金を得る機会は失われた。

もうひとつ、軍の一般兵が足を引っ張ることもある。彼らは騎士を殺すことがなにより好きだからだ。一三五九年にアンリ・ド・クニヤールがユースタス・ドーベルシクールを捕虜にしたときは、それまでの復讐を果たそうとする兵士らから彼を守るのにたいそう苦労した。

捕虜を手に入れたら、その人物が自分の捕虜であることをはっきり示したほうがいい。ポワティエの戦いで、ダマルタン伯はまず騎士見習いに自分の兜を手渡して降伏した。そこへひとりの殺気立ったガスコーニュ人がやってきたため、今度は、捕虜になる証しとして盾を渡したばかりか、三番目の人物にも言質を与えたという。結局、伯爵はそのどれでもないソールズベリー公の捕虜になった。

思いがけない災難に見舞われることもある。アジャンクールの戦いでは、フランス軍の反撃を恐れたヘンリー五世が捕虜の殺害を命じた。軍事的な論理に基づく行動としては当然かもしれないが、多額の身代金を得るチャンスを失うという点で、財政的には愚かな判断だった。

身代金の額はどれほどになるのか

かなりの額がうわさされている。

✣ 一三五六年にポワティエで捕虜になったヴァンドーム伯、タンカルヴィル伯、オー伯の身代金はそれぞれ三万フロリンだった。

✣ フロワサールによれば、一三六二年、トゥールーズに近いロナックの戦い後に合意された身代金は合計一〇〇万フランで、複数の資料から、この額はあながち誇張ではないことが判明している。

捕虜になった騎士が連行されるところ。

だが、そうした高額取引にばかり目を向けても無駄である。自分の捕虜が果たして金になるかどうかをよく考えよう。

✣ ジョン・ホークウッドは一三六六年にシエナの司令官を捕虜にして、身代金として一万フロリンを要求したが、最後にはたったの五〇〇フロリンで妥協しなければならなかった。

✣ 一三四七年にイングランド軍の捕虜になったシャルル・ド・ブロワには七〇万エキューという多額の身代金が設定されたが、エドワード三世が実際に受け取った額は五万エキューに届かなかった。

✣ 一三五八年に捕虜になったルノー・ル・ヴィコントの、ワインの大樽ふたつという現実的な身代金にさえ問題が生じている。ワインが盗まれて、ルノーは支払えなくなってしまったのである。

本当に重要な人物を捕虜にした場合は、身代金を決めるのは自分ではないと覚えておこう。ジョン・オブ・コープランドは一三四六年のネヴィルズ・クロスで、橋の下に隠れていたスコットランド王を捕らえたが、自分の君主に彼を引き渡さなければならなかった。その代わりにジョンは、生きているあいだずっと年間五〇〇ポンドを受け取るという褒美を得た。その額は身代金の合計六万六六六六ポンドに比べればほんのわずかでしかないが、それだけもらえれば上等だろう。

為替レート

為替レートは大きく変動するが、だいたいにおいて、金貨であるフラン、ムートンドール、エキュー、フロリン、ダカット、カスティリャ・ドブラは、英貨でおよそ三シリングとほぼ同じ価値である。銀貨は枚数ではなく会計単位のポンドで表される。一二ペンスが一シリング、二〇シリングが一ポンドだ。イングランドの一ポンドはおおよそ、同じく会計単位であるフランスのリーヴル・トゥルノワで六ないし七になる。したがってフランスでは金貨一枚がだいたい一リーヴルだが、イングランドでは六〜七枚で一ポンドだ。

捕虜を売る

普通の騎士は、重要な捕虜を長期にわたって手元に置いて、自分で身代金の支払いについて交渉しようなどと考えないほうがいい。捕虜はできるだけ早く手放すべきである。捕虜や身代金は売買できる。捕虜を売る場合には最高値の身代金を手に入れることはできないかもしれないが、少なくともなにがしかの金になり、面倒な取引を自分でしなくてすむ。

‡ ウォルター・マニーは一三三七年にギー・ド・リッケンブルクを捕虜にして、一万一〇〇〇ポンドの身代金で合意した。マニーは彼の捕虜をエドワード三世に引き渡して、代わりに八〇〇〇ポンドを手に入れた。その後、ギーがイングランド側に鞍替えすることで合意したため、結局身代金は支払われなかった。つまり、マニーはなかなかうまくやったことになる。

‡ ふたりの騎士、ウィリアム・バーランドとトーマス・チェイニーはナヘラでベルトラン・デュ・ゲクランを捕虜にした。彼らはひとりあたり三〇〇〇ポンドを受け取ることで、デュ・ゲクランの権利を黒太子に売った。その後、身代金は一〇万ドブラに決まった。ふたりの騎士は損をしたと思ったかもしれない。けれども、彼らの立場では黒太子のように交渉を進めることはできなかったはずである。

身代金争い

捕虜を売らないと、ほぼ確実に多くの困難に直面する。一三六七年にナヘラでデニア伯を捕虜にしたふたりの騎士見習いは、デュ・ゲクランを捕らえた騎士たちのような賢明な行動を取らなかった。ふたりは一五万ドブラもの巨額の身代金を要求した。伯爵は息子と身柄を交換したが、それほどの資金を集めることはできなかった。イングランド政府が外交的な理由から仲介を申し出たが、騎士見習いは頑なに首を縦に振らず、とにかく金をよこせと主張した。結局ふたりはロンドン塔に投獄された。やがて彼らは脱走して、ウェストミンスター寺院に逃げ込み、ロンドン塔司令官に追われて、ひとりが殺された。身代金をめぐる法的な争いはそれから何年にもわたって延々と続いた。

身代金の支払い方法

名の知れた軍人でも捕虜になることはある。ベルトラン・デュ・ゲクランが二度捕虜になったことは確かで、おそらく実際にはそれより多かっただろう。ブシコーも二度、ニコポリスの戦いとアジャンクールの戦いで捕虜になった。つまり、騎士ならだれでも捕虜にされて、身代金を払わなければならない状況に陥る可能性がある。そこそこ重要な人物なら、多くの方面から支援が受けられる。

♰ デュ・ゲクランは一三六四年にオーレーでジョン・チャンドスの捕虜になり、ナヘラでも黒太子軍の捕虜になった。彼の身代金の大部分は、フランス王シャルル五世、トラスタマラ伯エンリケ、ローマ教皇が用立てた。

♰ ブシコーがニコポリスでオスマン帝国軍の捕虜になったときには、彼をはじめとする捕虜を解放する交渉が複雑だった。捕虜全員で一〇〇万フロリンという当初の案は二〇万フロリンに減額され、おもにブルゴーニュとフランスで集められた金を動かす際にはヴェネツィアの銀行家が活躍した。ブシコー本人も一万フランを拠出しなければならなかったが、少なくとも全額を自分で支払う必要はなかった。

運に恵まれれば、部下が助けてくれるかもしれない。ユースタス・ドーベルシクールは一三五九年にフランス軍の捕虜になり、身代金二万二〇〇〇リーヴルを請求された。彼は運がよかった。自分が指揮していた兵らが資金を出し合ったからである。ドーベルシクールは裕福な妻をめとっていたとはいえ、それほどの金額を自分の通常の収入から捻出することは不可能だっただろう。

支払いの手続きがきわめて複雑になる場合もある。一三五六年にポワティエで捕虜になったダマルタン伯の例では、相手のソールズベリー伯に支払うべき金額が一万二〇〇〇フロリンに決まった。その額はほかの身代金と比べて格段に高いわけではないが、ダマルタン伯は現金を調達できなかった。そこで代わりに、フランス人貴族ロベール・ド・フィエンヌがイングランドのサマーセットに保有している領地をソールズベリー伯に引き渡し、ダマルタン伯がフランスにある自分の領地をフィエンヌに譲渡することになった。だが、その取り決めがさまざまな土地の価値をめぐる複雑な論争に発展した。問題がようやく解決したのは、ダマルタン伯が解放されてからしばらく経った一三七〇年である。

みかじめ料

騎士道にまつわるジョフロワ・ド・シャルニーの本を読めば、彼が、強奪、窃盗、戦利品の獲得、正当な理由のない捕虜を厳しく非難していることがわかる。しかし実際には、ユースタス・ドーベルシクールのように名の知れた騎士が、領土の資源を利用して金儲けをしていた。徳の高いブシコーでさえ和平と引き換えにロンバルディアの町から月額一万五〇〇〇ダカットを受け取っている。

地方を占領しているなら、自分の立場を利用してそこの農民からみかじめ料を取り立てることができる。そうした金はアパティとして知られている。金をもらう代わりになんらかの形で保護しようと持ちかけてもいいが、金を巻き上げるだけでもいい。相手が支払いを渋るようなら、収監し、土地を燃やし、女に部下をけしかければ、すぐに応じるだろう。あまり騎士らしくないかもしれないが、農民との取引に誠実さは要らない。

イタリアではゆすりで大金を得られる。一三六四年、ハネケン・ボンガートとアルベルト・シュテルツが率いる傭兵団の星章団は、シエナから三万八六五〇フロリンを手に入れた。一一年後、ジョン・ホークウッドは同じ都市から三万五〇〇フロリンの支払いを受けた。一三七四年に彼とドイツ人の仲間がシエナ当局に書いた手紙にその理由が記されている。

これまでほかの兵士に支払ってきたように当傭兵団に一定の額を支払っていただけるのであれば、われわれは暴力を控え、できるかぎり領土を守ろう。支払わないというなら、当団の兵士たちに好きなように略奪させる。

イタリアの白衣団には略奪や破壊を専門にするグアスタトーレがいた。彼らに目をつけられないようにするための金なら払う価値はある。ある計算によれば、一三四二〜九九年のあいだにシエナが傭兵に払った金額は、アヴィニョン、モンペリエ、ルッカの町を買い取ることができるほどの額に上ったらしい。

戦利品

戦いに勝てば戦利品を手に入れられる。ときにそれはかなりの量になる。イングランド人はフランス侵攻で大きな成果を得ていた。一三四六年にカーンの町が略奪されたとき、イングランドの婦人たちはみな残らずそこで奪われた美しい服で着飾ったという話だ。地下貯蔵庫、倉庫、納屋にもいろいろなものがある。部下の兵たちはありとあらゆる隠し場所から宝を探し出す能力を身につけるだろう。彼らが忠実に、分け前を手渡してくれることを願おう。

一三五四年、ロバート・ノールズが一時的に失脚したときに彼から奪われた品物のリストを見れば、戦利品として発見できそうなものの種類がわかる。リストは次のようになっている。

家を荒らす兵士。このような強奪は戦争ではあたりまえの光景だ。戦利品の分け方にはルールがある。通常は最低でも3分の1は司令官のものである。

銀のたらいと水差し各一、総重量約三キログラム
銀の大皿　四枚
銀の小皿　一八枚
ヤギ革　二枚
新品の靴　二足

利益を分ける

獲得したものが全部自分のものになるわけではないと覚えておこう。奪った品の分け方にはしきたりがある。通常は指揮官が利益の三分の一、多いときには半分を要求する。身代金の場合、騎士の手元に残る額はさらに少ない。ヨーク公と騎士トーマス・ガーバージのあいだで一三八八年に取り交わされた契約書に定められた条件はこうだ。

公爵は騎士トーマスが自身の手で得た利益すべての三分の一、トーマスの従者が得た利益の三分の一の三分の一を得るものとする。また、トーマスあるいは従者のだれかが敵国、敵の城あるいは要塞で、敵の司令官あるいは貴族を捕虜にした場合には、公爵は合意に基づき、捕虜にした人物に対してそれなりの褒美を与えるものとする。

遠征中に手に入れたものの一部を申告しないでおいて利益の分配を免れることはできるかもしれないが、どのような計算をするにしても、実際には利益に重い税が課されると覚えておこう。

利益と損失

「惨めなほど貧乏で乗る馬さえないときもあったが、幸運が舞い降りたかのように金に困らないときもあった」と、バスコ・ド・モレオンはフロワサールに語った。ふたりが一三八八年にオルテスのオテル・ド・ラ・リュヌで出会ったときの話である。だれもが勝者になれるわけではないため、巷で耳にする手柄話は鵜呑みにしないほうがいい。成功に一定のパターンというものは存在しないが、勝者の側にいればうまくいく可能性は上がる。一口に成功と言っても身代金と略奪品を手に入れればいいというものではなく、得た利益をどうするかを心得ておく必要もある。騎士は戦士であると同時に実業家でもあらねばならない。不動産投資はいいアイデアだ。金銀や宝石はいとも簡単に散財しかねない。それからきちんと帳簿をつけること。そうすれば、クレームに対処しやすい。

ロバート・ノールズがよい手本になる。一三五八年、彼は鼻高々に自分には一〇万ムートンドールの価値があると宣言する旗を掲げた。確かに彼は英仏戦争でたくさんの利益を上げている。ノールズは気前のいい司令官として知られていたが、金の扱いには慎重で、利益の一部をノーフォークの地所の購入に充てた。また彼は貿易や金融にも関心を持ち、君主に金を貸すとまでした。一方、彼と親しかった仲間のヒュー・カーヴァリーはそれほどうまくいかなかったようである。スペインの城と高額な恩給の約束は果たされないままだった。

ジョン・ホークウッドの収入は一三七七年には都市ルッカの歳入を超えるまでになったが、一三九三年ごろになると、家族の要求を満たすにはそれでは足りないと不満を述べている。彼は資金の一部をイングランドへ送り、エセックスと、ロンドンのレドンホールに邸宅を買いはしたが、イタリアで築き上げた財産のほとんどは消えてなくなったようである。巨額の富を築いたとはいえ、商才ある妻の努力の甲斐なく浪費した彼はまさに反面教師だと言える。

ブシコーは絶対に手本にしてはいけない。彼は古典的な英雄騎士の鑑ともいえる人物だが、金銭管理においては残念な点が多い。

‡　十字軍事業で出費がかさんだ。

‡　ジェノヴァ総督だったときに富を築かなかったため、辞めるときにはすでに窮地に立

たされていた。彼はイタリアの銀行家から金を借り、自分の宝石や皿といった財産を質に入れたり売ったりしなければならなかった。妻の宝冠、妻の宝石、聖母マリアの黄金の像までもが手放された。

✝ フランスに帰国したとき、費用の一部を君主から回収しようと考えた彼の試みは、事務的な作業を怠っていたためにうまくいかなかった。出費を証明するために必要な領収書や書類を提出することができなかったのである。結局彼は、自分が立て替えた費用の半分だけしか受け取ることができなかった。

✝ 最後の災難は、自分がアジャンクールで捕虜になったときに身代金を払えなかったことである。

バスコ・ド・モレオン

フロワサールが書いた年代記には、この運に恵まれたガスコーニュ出身の兵士の生涯が長々と記されている。バスコ・ド・モレオンはポワティエで戦い、バルト地方へ十字軍として遠征して、フランスのモーで一揆を起こした農民の虐殺に加わった。また傭兵隊長として一三六二年のブリニェの戦いに参戦し、一三六四年にはオーレーでヒュー・カーヴァリーと手を組んでもいる。その後カーヴァリーとともにスペインへ渡ったが、やがてガス

コーニュで戦うために出身地へ戻った。フロワサールが作った架空の登場人物のように見えるかもしれないが、バスコは年代記作家の空想の産物ではない。

リスク

事業計画において、騎士として富を築くと主張するのは簡単だろう。身代金、戦利品、みかじめ料はみな大きな利益を生む可能性がある。しかしながら、そこには少なからぬリスクがある。約束された報酬が支払われないかもしれない。自分で自分の身代金を払わなければならないかもしれない。手に入れた土地が生む収益より守るためのコストのほうが高くつくかもしれない。少なくとも収入の三分の一は自分が仕える領主に持っていかれる。よく考えよう。栄光と名誉の獲得より金儲けに重きを置くと、戦への出陣は高リスク戦略である。

上：フランドル伯ギー・ド・ダンピエールの印章。彼は1256年、エノー伯に捕虜にされて身代金を請求された。1296年には、自分を解放してもらうべくフランス王フィリップ4世に金を払った。彼は1300年にも捕虜になり、1304年にフランス軍の捕虜になったまま死亡した。

下：1305年のフランスの金貨エキュー。

戦争の利

一三四七年にイングランド軍の捕虜になったラウル・ド・タンカルヴィルがフランスに戻ったとき、彼が自分を捕らえた人物をあまりに称賛したために、フランス王は彼の処刑を命じたと言われている。

都市シエナがジョン・ホークウッド、アルベルト・シュテルツ、ハネケン・ボンガートに与えた品にはスイーツもあった。

イングランド軍総司令官は戦利品として、角のないすべての畜牛、豚、蹄鉄を打っていない馬を得る権利があり、軍に随行するすべての娼婦と商人から週四ペンスを受け取っていいことになっている。

十字軍による一三六五年のアレクサンドリア占領は、船七〇隻でも足りないほどの戦利品をもたらした。

第15章　信仰と死後の名声

騎士が、異教徒と戦うあるいは信仰を守るために戦うなど、教会の命を受けた戦いでこの世を去り、ほかに大罪を犯していなければ、彼の魂はまっすぐに天国へと召される。

オノレ・ブヴェ『戦の系図』一三八七年

地獄へは行きたくないだろう。そこへ行き着くと、釘で体に打ちつけられて脱ぐことのできない鎧を着ることになる。何度も入浴を強要されるばかりか、その湯が硫黄のように臭く汚い。湯上がりに艶めかしい若い女性を抱擁することもけっしてない。それどころか好色なヒキガエルがむりやり体に乗ってこようとする。そのような運命を避けるにはいくつかのステップを踏めばいい。

宗教的な寄付

騎士になったら一貫して善良で徳のある人間でいられるだろうなどと考えるのは虫がよすぎ

る。たとえば、遠征の途中で教会や修道院の破壊に手を貸すなど、おそらく後悔するような経験をするに違いない。自分はできるかぎりミサに行こうとしたかもしれない。ひょっとすると持ち運びできる祭壇を携えていけるよう教皇の許しを得ていたかもしれない。もちろん機会があるたびに慈善の施しをするだろう。だが、それでは不十分だ。苦しくて不快な来世を避けるためのよい方法は、自分が死んでから自分のためにたくさんのミサを捧げてもらうことである。カプタル・ド・ブッシュとして知られるジャン・ド・グレイーを手本にするといい。彼の遺言では、死後一年のあいだに五万回のミサを捧げるよう具体的に指示されている。彼はボルドーにあるフランシスコ修道会に一〇〇〇エキューを寄付した。また、さまざまな宗教関係の献金額が合

アラゴン王フェルナンド1世の墓にある雪花石膏に色をつけた彫刻。葬列の一部が描かれている。

計で四万エキューに上っている。

宗教的な寄付にはさまざまな例がある。ブシコーはトゥールの聖マルティヌス修道会に寄付をして、一四〇六年にはサント＝カトリーヌ＝ド＝フィエルボワに病院を設立した。ロバート・ノールズはポンテフラクトに聖職者のための学校を建てた。おそらく妻がその地の出身だったからだろう。また、ロチェスター橋の再建にも資金を提供している。ウォルター・マニーはロンドンのカルトジオ会修道院に寄付をした。バセット・オブ・ドレイトン卿ラルフは、キャンウェル小修道院に二五〇ポンドを施して新たに五人の修道士がそこに入れるようにしたほか、四つの礼拝堂の設立も手配した。イタリアでは一三六四年にドイツ人傭兵アルベルト・ベーラントがヴィチェンツァにサン・アントニオ修道院を建て、妻のアクイリアとともにそこに埋葬されている。

たとえそこまで高額な寄付をしなくても、そこそこ立派な葬儀を執り行い、それにふさわしい数の祈りを捧げてもらえるよう手を打っておく必要がある。一三八五年、ジョン・デヴェローはみずからの希望を遺言に残した。そこには、自分のために祈るよう貧しい人々に渡す金額も書いてある。

ここに以下のとおり遺言する。わたしの遺体はロンドンのグレイフライアーズの教会に埋葬すること。わたしの棺台には六本のろうそくを十字架の形に並べ、白装束の六人の男性が六本の松明を持つこと。その尽力に対してひとりあたり四〇ペンスを支払うこと。わたしの埋葬では貧しい人々にひとり一ペニーを支払ってわたしの魂とすべてのキリスト教徒の魂のために祈らせること。グレイフライアーズにはわたしの埋葬代として四〇マーク〔一マークは三分の二ポンド〕を支払うこと。そして、わたしの死後はできるかぎり速やかに、わたしの魂、そして両親の魂のために一〇〇〇回のミサを捧げること。

イングランドの真鍮の記念碑。マシュー・ド・スウェテナムとジョン・ド・クリーク。

ベルトラン・デュ・ゲクランは遺言で、ブルターニュ地方のディナンという町で毎日彼にミサを捧げること、彼の代わりにブルターニュのふたつの聖堂に巡礼することを託した。むろん、修道会は喜んで金を受け取る。一三四六年、イタリアのルッカでは、ふたつの教会のあいだで、どちらがドイツ人ヨハン・フォン・ガイスポルスハイムにミサを捧げるかをめぐって不謹慎な論争が起きた。

墓

自分の墓の質より、自分の魂のために捧げられるミサの数のほうがずっと気になるのはしかたがない。それでも、立派な墓を作れば人々の記憶に残り、のちの世代に敬意を払ってもらえる。比較的安い選択肢は真鍮の記念碑だ。これは特にイングランドで人気が高い。ロンドンには製作を専門にしている工房があり、最新の甲冑に身を包んだ小粋な姿にできあがることは間違いない。問題はやや様式化されてしまっていることである。つまり、どの騎士も同じように見える。一方、等身大の像はそれよりずっと立派である。白色半透明の雪花石膏で作って実物そっくりに色づけしてもよい。ウォルター・マニーはそう望んだ。

ドイツの墓石。1349年にドイツ王として擁立されたが同年に死亡したギュンター・フォン・シュヴァルツブルクと、アルベルト・フォン・ホーエンローエ。

ロンドンのセントポール大聖堂にある騎士ジョン・ビーチャムの墓と同じように、騎士の姿をしたわたしの像と紋章を配した雪花石膏の墓を作るよう、ここに遺言する。

もし自分や家族に金銭的な余裕があるなら、天蓋つきの墓はとりわけ見栄えがいい。すばらしい幸運に恵まれれば、だれかが支払いを申し出るかもしれない。フィレンツェ市民はジョン・ホークウッドのために立派な墓を建てようとしたが、リチャード二世が彼の遺体をイングランドへ運ぶよう命じたため、それができなかった。そこで、フィレンツェの人々は代わりに、ホークウッドを追悼する見事なフレスコ画を大聖堂に掲げることにした。

復活

なるべく五体満足で埋葬されるよう取り計らおう。一二九九年、ローマ教皇ボニファティウス八世が遺体を異なる場所にばらばらに埋葬することを禁じたが、実行が難しかったため、五〇年後にクレメンス五世が再び許可している。遺体がひとつにまとまった状態ではないと、神学的にさまざまな矛盾が生じる。神学者トーマス・オブ・チョバムはそのひとつについて次のように述べている。

ある人々は異を唱える。キリストが神の栄光に輝く復活の体で蘇ったとするなら、なぜ教会は割礼で切り取られたキリストの包皮がまだ地上に残っていると主張するのだろう?

著名な戦士の体がばらばらに埋葬された例はある。ロバート一世の心臓が、ジェイムズ・ダグラスの手でスペインへの十字軍の遠征に持っていかれたことを覚えているだろう。ダグラスは戦闘で命を落としたが、ロバートの心臓は幸い戦場で発見されてスコットランドへ持ち帰られた。ところが、心臓はロバートの体があるダンファームリンではなく、メルローズ修道院に埋葬された。そのような場合、復活の際に、本来必要のないたくさんの手順を踏むことになるに違いない。いくつもの場所から体の部位を集めて組み立てたら、不完全な姿ができあがる危険さえある。

アドバイスのまとめ

訓練を怠らないこと。梯子の裏側を上るのはいい練習になる。
戦場で叙任されよう。そのほうが手っ取り早い。
甲冑はミラノで買う。
馬に乗るときは足を伸ばす。
的から目をそらさないこと。槍の先端を見てはいけない。

必要のない危険な誓いはしない。
最愛の女性には賢い人を見つけよう。
マムルークとトルコ人相手に十字軍の遠征をしてはいけない。
会戦では下馬して戦う。
旅先から土産物を持ち帰るならヒョウにしよう。
大砲からは離れておく。目の前で爆発するかもしれない。
できるかぎり農民とはかかわらない。
可燃性の凝った衣装を着てはいけない。
身代金の要求では欲を張らない。

伝記

騎士としての自分の偉業を後世に残すなら、自分についての本を書かせるといい。運よくジャン・フロワサールに出会えたなら、彼の年代記に自分の物語を組み入れてもらえるかもしれない。そうでない場合には、アラゴン王ペドロ四世の例を見習って自叙伝を書くこともできるが、おそらくそのような時間的余裕はないだろう。ウルリヒ・フォン・リヒテンシュタインも自分の生涯の一部を記したが、女装した模擬戦の英雄の冒険談を人々がどれほど信じるかは判断が難しい。

フランス人は特に、自分の生涯を飾り立てるような、とても長い本を書きたがる。ブシコーの伝記は彼が生きているあいだに執筆され、おもな目的はジェノヴァ総督としての彼の行動を正当化することだったが、一四〇九年までの彼の手柄を書き並べるためでもあった。ベルトラン・デュ・ゲクランの一生はジャン・キュヴェリエの下手な韻文で書かれた超大作で称賛されている。ルイ・ド・ブルボンについてはジャン・カバレ・ドヴィールが大きな本にまとめることになっている。なぜか、イングランド人はまだこのような長い作品を書こうとはしていない。あるのは、ジョン・チャンドスの軍使の手による黒太子の短い韻文の伝記だけだ。ドイツ人やイタリア人も、長たらしい伝記に夢中になってはいない。

もし成功すれば、騎士であることがすばらしい富と名声につながる可能性がある。とびきりの成功を収めれば、自分の功績がはるか遠い未来、ひょっとすると二一世紀になってから、書物で褒めたたえられるかもしれない。

部隊の先頭に立つ（そしてこの直後に自分のサーコートにつまずいて命を落とした）騎士ジョン・チャンドス。

中世ヨーロッパの地図

用語集

年表

参考図書

引用出典

図版出典

中世ヨーロッパの地図

北
ニヒスベルク
ブルク
ンネンベルク
リトアニア
ガリー
ドナウ川
黒海
ポリス
コンスタンティノープル
ロードス
キプロス
クレタ
アッコ
地中海
エルサレム
アレクサンドリア

スコットランド
バノックバーン
カラヴァロック
ネヴィルズ・クロス
イングランド
ロンドン
大西洋
ローゼベーケ
クールトレ
アジャンクール
クレシー
ランス
プラハ
オーレー
パリ
フランス
神聖ローマ帝
ポワティエ
ゼンパッハ
ラウペン
リモージュ
ボルドー
モルガルテン
ミラノ
ヴェネツィア
パドヴァ
フィレンツェ
ナヘラ
アルジュバロータ
シエナ
ポルトガル
カスティリャ
アラゴン
ローマ
マヨルカ
サルディニア
グラナダ
チュニス
マーディア
300 マイル
500 キロ

用語集

アルモガバルス	スペインの歩兵
アパティ	町や村から取り立てるみかじめ料
バシネット	しばしばバイザーのついた尖った兜
バナレット騎士	普通の騎士の上位にあたる軍の階級
バルブータ	騎士ひとりと小姓ひとりからなるイタリア軍の部隊
湯船	浸かることによって体をきれいにする箱型の容器で、おそらくめったに利用されない
ベウール	模擬戦の一種、若者の訓練で実施されることが多い
宿舎	軍隊が泊まる設備
黒太子	イングランド王エドワード三世の息子で王太子、ウェールズ大公エドワード
戦利品	戦争で奪い取る品々
戦友	戦争でのパートナー、損益を分け合う
戦役	大規模な軍の遠征
シュヴォシェ	騎兵の突撃
軍馬	質の高い戦闘用の馬
紋章	代々受け継がれるシンボルやデザインで、盾に描かれていることが多く、家ごとに異なっている
コロナル	模擬戦用の槍にある尖っていない先端
十字軍	ローマ教皇に認可されて実施される宗教戦争
乙女	未婚の若い女性
デストリエ	最高の軍馬
封建制度	土地をもらう代わりに軍務に就くこと
フロリン	もとはフィレンツェの硬貨で、イングランドのおよそ三シリングに相当する
守備隊	城や町を守っている部隊

グアスタトーレ　略奪や破壊を担うイタリア軍の兵士

ガーター　衣料品だが、不思議なことにエドワード三世によって彼の騎士団のシンボルとして使われている

先遣隊　本隊より先に進んで宿泊の手配をする兵

ハックニー　たいした価値のない乗用馬

紋章学　紋章を読み解き、考案する学問

馬上槍試合　取り決めによって行われる一騎打ちで、たいていは馬に乗って槍で戦う

鎖帷子　金属の輪をつなげた防具

マムルーク　イスラム王朝に仕えた奴隷身分の軍人

白兵戦　会戦でたがいに接近して行う戦闘

傭兵　金次第でいかなる主人にも仕える兵士

ムーア人　スペインのイスラム教徒

招集　戦役開始あるいは閲兵時に兵が集まること

プレート　金属の板で作られた防具

槍的　槍の訓練に用いられる的

身代金　捕虜を解放するための支払い

随行団　重要人物の従者の集団

ライゼン　バルト地方への十字軍の遠征

反撃　城や町に籠城している側が繰り出す逆襲

サラセン人　非キリスト教徒を指す十字軍の言葉

シルトロン　スコットランド軍が用いた歩兵の密集隊形

スー・トゥルノワ　フランスの貨幣で、二〇スーが一リーヴル

バイザー　顔面を守る、兜の可動式の部分

年　表

1302　クールトレの戦い。フランドルの歩兵隊がフランス軍を破った。

1307　ラウダン・ヒルの戦い。イングランド軍に対するロバート1世の初の大勝利。

1314　バノックバーンの戦い。エドワード2世率いるイングランド軍にスコットランド軍が勝利した。

1315　モルガルテンの戦い。スイス軍がオーストリア公レオポルト1世に勝利した。

1317　ウェアデール戦役。エドワード3世がイングランド北部で初めてスコットランドに対して行った戦役。

1328　カッセルの戦い。フランス軍がフランドル軍に勝利した。

1332　ダップリン・ムーアの戦い。イングランド軍が自分たちより多勢のスコットランド軍を破った。

1333　ハリドン・ヒルの戦い。エドワード3世がスコットランド軍に勝利。

1339　フランスとイングランドの軍勢がビュイランフォッスでにらみあったが交戦しなかった。

1340　ミラノ近郊、パラビアーゴの戦い。聖ジョルジョ傭兵団がミラノ軍に敗れた。

1340　スロイスの海戦。低地帯諸国でイングランド海軍がフランス艦隊に勝利を収めた。

1340　トゥルネー攻囲戦。イングランドと同盟軍の失敗に終わった。

1344　十字軍によってスペインのアルヘシラスが陥落。

1346　クレシーの戦い。イングランド軍がフランス軍に勝利した。

1346　ネヴィルズ・クロスの戦い。スコットランド王デイヴィッド2世がイングランド軍の捕虜になった。

1352　モーロンの戦い。イングランド軍がフランス軍に勝利した。

1356　ポワティエの戦い。イングランド軍が勝利してフランス王ジャン2世を捕虜にした。

1360　フランスとイングランドのあいだでブレティニー条約が結ばれた。

1367　スペイン、ナヘラの戦い。黒太子が支援したカスティリャ王ペドロ1世の軍隊と、トラスタマラ伯エンリケを支持する軍隊が衝突した。

1382　ローゼベーケの戦い。フランス軍がフランドル軍に勝利した。

1385　アルジュバロータの戦い。イングランドが支援したポルトガル軍がフランス＝カスティリャ軍に勝利した。

1387　カスタニャーロの戦い。ジョン・ホークウッド率いるパドヴァ軍がヴェローナ軍を破った。

1396　ニコポリスの戦い。十字軍がバルカン半島でオスマン帝国軍に敗れた。

1410　タンネンベルク（グルンヴァルト）の戦い。ポーランド軍がドイツ騎士団に勝利した。

1415　アジャンクールの戦い。イングランド軍がフランス軍に勝利した。

訳者あとがき

「騎士」と聞くとなにを思い浮かべるだろう。

騎士は何百年も前の遠いヨーロッパに存在した肩書きだが、それにもかかわらず、書籍、漫画、ゲームをはじめとする日本のエンターテインメントの世界では、かなり馴染みのある存在である。

剣を岩から引き抜いて偉大なる王となったアーサー王と、禁断の恋や聖杯探しで知られる一二人の円卓の騎士たちの物語群は、中世ヨーロッパで広く知られていた。そうした伝説に描かれているのは魔法使いや妖精やドラゴンが存在する世界で、夢とロマンに満ち満ちている。だが、本書の冒頭でばっさり切り捨てられているように、アーサー王はジェフリー・オブ・モンマスが書いた『ブリタニア列王史』に出てくる架空の王、そして円卓の騎士たちはその後の作家たちが作り上げた魅力あふれるたくさんの空想物語のキャラクターでしかない。見事なまでに人を惹きつけはしても、純粋に文学の世界の騎士たちだ。

そんな夢物語とは異なり、本書で言う「騎士」は、戦があれば（場合によってはなくても）主君のもとへと馳せ参じる中世ヨーロッパの生身の武人たちである。ここでは、アーサー王伝説とは対照的に、実在した人物をもとに騎士の本当の姿が描かれている。騎士になりたい若者向けの非公式マニュアルというスタイルをとる本書は、一三〇〇～一四一五年の「最新」情報をもとに、一五世紀初頭に執筆されたことを装う歴史書である。訓練、儀式、装備、戦術、そして戦争ビジネスにいたるまで、ときに小ネタをはさみながら、騎士の実生活を余すところなく解き明かしている。言うなれば、中世の軍人の解説書だ。とはいえ、なにより大事なものは騎士道精神と武勇だと言われても、騎士とて人間である。おそらく理想と現実のはざまで悩み、仕事をして出世を望み、資金繰りを考え、女性関係で気を揉み、もしかすると中間管理職の悲哀のようなものまであったかもしれないなどと思ってしまうのは訳者だけだろうか。

一方、本書で時折引用されているジェフリー・チョーサーの詩で、中世文学の傑作のひとつ『カンタベリー物語』はフィクションである。この作品は、イングランドのカンタベリー大聖堂をめざす巡礼の旅人たちが、宿屋でひとりずつ自分の知っている話を披露するという設定で展開し、本書に登場する「騎士」、「騎士見習い」、「郷士」の話もそのひとつである。『カンタベリー物語』は一三八七～一四〇〇年に執筆されたと言われており、本書でカバーされている時代とほぼ一致する。

本書の原題にあるように、騎士は英語でナイト（Knight）だ。もちろんそれは中世の戦士の称号だが、実は英国には現在もナイトの爵位がある。そちらは一代限りの世襲されない称号で、国の功労者などに授けられるものである。授与式では、ナイトに叙される者がひざまずき、国王あるいは女王が右、左の順にその者の肩を剣で触れる。中世の慣習が今でも英国に残っているところが興味深い。また、ナイトになると名前の前に「サー（Sir）」をつけて呼ばれるようにもなる。たとえば、ポール・マッカートニーならサー・ポールという具合で、これも中世の騎士と同じである。さらに、エドワード三世が創設したガーター勲章はなおも英国の最高勲章として、国家元首や王族などに贈られている。歴史は確かにつながっているのだ。

余談になるが、攻城兵器のサウについて調べていたときに、ミニチュアを作る人向けのウェブマガジンのフォーラムでおもしろいコメントを見つけた。それによれば、英語で雌豚を意味するサウは、「中の兵の足がぶらぶらと垂れ下がっているところが雌豚の乳に見えるため」そう呼ばれたという。残念ながら出典があやふやなため正しい情報かどうかはわからないが、なかなか愉快な発想である。

なにはともあれ、本書を通じて騎士のリアルを楽しんでいただけたなら幸いである。最後に、原書房編集部の大西奈己氏、オフィス・スズキの鈴木由紀子氏にはいつもながらお世話になった。この場を借りて感謝申し上げる。

二〇二四年三月

大槻敦子

KNIGHT: The Medieval Warrior's (Unofficial) Manual
by Michael Prestwich
Published by arrangement with Thames & Hudson Ltd, London
through The English Agency (Japan) Ltd.
Knight © 2010 and 2018 Thames & Hudson Ltd, London
This edition first published in Japan in 2024
by Hara-Shobo Co., Ltd, Tokyo
Japanese Edition © 2024 Hara-Shobo Co., Ltd

中世の騎士の日常生活

訓練、装備、戦術から騎士道文化までの実践非公式マニュアル

●

2024 年 4 月 29 日　第 1 刷

著者……………マイケル・プレストウィッチ
訳者……………大槻敦子

装幀……………伊藤滋章
発行者……………成瀬雅人
発行所……………株式会社原書房
〒 160-0022 東京都新宿区新宿 1-25-13
電話・代表　03(3354)0685
http://www.harashobo.co.jp/
振替・00150-6-151594
印刷……………新灯印刷株式会社
製本……………東京美術紙工協業組合
©Office Suzuki 2024
ISBN 978-4-562-07410-5, printed in Japan

著者
マイケル・プレストウィッチ（Michael Prestwich）
ダラム大学名誉教授。著書に『エドワード1世時代の戦争、政治、財務 *War, Politics and Finance under Edward I*』『3人のエドワード *The Three Edwards*』『エドワード1世 *Edward I*』『中世の軍隊と戦争：イングランド人の体験 *Armies and Warfare in the Middle Ages: the English Experience*』『プランタジネット朝イングランド　1225-1360年 *Plantagenet England, 1225-1360*』などがある。テムズ・アンド・ハドソン社刊行の『中世の戦争 *The Medieval World at War*』にも寄稿。

訳者
大槻敦子（おおつき・あつこ）
慶應義塾大学卒。訳書にスティーヴンソン『中世ヨーロッパ 「勇者」の日常生活』、ウッド『捏造と欺瞞の世界史』、クィンジオ『鉄道の食事の歴史物語』、マーデン『ミラーリングの心理学』、ジョーンズ『歴史を変えた自然災害』、スウィーテク『骨が語る人類史』、ハンソン＆シムラー『人が自分をだます理由』、カイル『ネイビー・シールズ最強の狙撃手』などがある。

カバー画像
BritishMuseum, London
a hunting book by Gaston Phebus,Burgundy, 1407. Bibliothèque Nationale, Paris
Bibliothèque Nationale, Paris
CodexMancsse, Zurich, c. 1310-40.University Library, Heidelberg
Saint Alban’s Chronicle, 15th century, Lambeth Palace Library, London

参考図書

Anglo, S. *The Martial Arts of Renaissance Europe* (Yale University Press, New Haven and London, 2000)
Ayton,A and Preston, P. *The Battle of Crécy, 1346* (Boydell Press, Woodbridge, 2005)
Barber, R. and Barker, J. *Tournaments: Jousts, Chivalry and Pageants in the Middle Ages* (Boydell Press, Woodbridge, 1989)
R. Barber (ed.) *The Life and Campaigns of the Black Prince* (Boydell Press, Woodbridge, 1979)
Barker, J. *The Tournament in England 1100–1400* (Boydell Press, Woodbridge, 1986)
Bennett, M. (ed.) *The Medieval World at War* (Thames & Hudson, London and New York, 2009)
Boulton, D'A. J.D. *The Knights of the Crown: The Monarchical Orders of Knighthood in Later Medieval Europe 1325–1520* (Boydell Press, Woodbridge, 1987)
Caferro, W. *John Hawkwood: An English Mercenary in Fourteenth Century Italy* (The Johns Hopkins University Press, Baltimore, 2006)
Caferro, W. *Mercenary Companies and the Decline of Siena* (The Johns Hopkins University Press, Baltimore, 1998)
Christiansen, E. *The Northern Crusades: The Baltic and the Catholic Frontier 1100–1525* (The Macmillan Press, London, 1980)
Contamine, P. *Guerre, état et société à la fin du moyen age* (Mouton & Co., Paris, 1972)
Cooper, S. *Sir John Hawkwood: Chivalry and the Art of War* (Pen and Sword Books, Barnsley, 2008)
Curry, A. *Agincourt: A New History* (Tempus Publishing, Stroud, 2006)
Fowler, K. *The King's Lieutenant* (Elek books, London, 1969)
Fowler, K. *Medieval Mercenaries I: The Great Companies* (Blackwell, Oxford, 2002)
Given-Wilson, C., Kettle, A. and Scales, L. (eds),*War, Government and Aristocracy in the British Isles c. 1150–1500* (Boydell Press, Woodbridge, 2008)
Green,D. *The Battle of Poitiers 1356* (Tempus Publishing, Stroud, 2002)
Mathew, H. G. C. and Harrison, B. (eds) *Oxford Dictionary of National Biography* (Oxford University Press, Oxford, 2004)
Houseley, N. *The Later Crusades: From Lyons to Alcazar, 1274–1580* (Oxford University Press, Oxford, 1992)
Keen, M. H. *Nobles, Knights and Men-at-Arms in the Middle Ages* (Hambledon Continuum, London, 1996)
Keen, M. H. *Chivalry* (Yale University Press, New Haven and London, 1984)
Keen, M. H. *The Laws of War in the Late Middle Ages* (Routledge and Kegan Paul, London, 1965)
Kaeuper, R.W. *Chivalry and Violence in Medieval Europe* (Oxford University Press, Oxford, 1999)
Kaeuper, R.W. and Kennedy, E. (eds) *The Book of Chivalry of Geoffroi de Charny* (University of Pennsylvania Press, Philadelphia, 1996)
Lalande, D. *Jean II le Meingre, dit Boucicaut (1366–1421): Étude d'une biographie héroïque* (Librarie Droz, Geneva, 1988)
Mallet,M. *Mercenaries and their Masters:Warfare in Renaissance Italy* (The Bodley Head, London, 1974)
Muhlberger, S. *Deeds of Arms* (Chivalry Bookshelf, Highl and Village, Texas, 2005)
Muhlberger, S. *Jousts and Tournaments: Charny and the Rules for Chivalric Sport in Four-*

teenth Century France (Chivalry Bookshelf, Union City, California, 2002)
Prestwich, M. C. *Armies and Warfare in the Middle Ages: The English Experience* (Yale University Press, New Haven and London, 1996)
Rawcliffe, C. *Medicine and Society in Later Medieval England* (Alan Sutton, Stroud, 1995)
Rogers, C. J. *Soldiers Lives Through History: The Middle Ages* (Greenwood Press, Westport, Connecticut, 2007)
Rogers, C. J. *War, Cruel and Sharp* (Boydell Press, Woodbridge, 2000)
Selzer, S. *Deutsche Söldner im Italien des Trecento* (Niemeyer, Tübingen, 2001)
Sumption, J. *The Hundred Years War I: Trial by Battle* (Faber and Faber, London, 1990)
Sumption, J. *The Hundred Years War II: Trial by Fire* (Faber and Faber, London, 1999)
Vernier, R. *The Flower of Chivalry: Bertrand du Guesclin and the Hundred Years War* (Boydell Press, Woodbridge, 2003)
Wright, N. *Knights and Peasants: The Hundred Years War in the French Countryside* (Boydell Press, Woodbridge, 1998)

ウェブサイト
De Re Militari, at www.deremilitari.org/
Internet Medieval Sourcebook, at www.fordham.edu/halsall/sbook.html
フロワサールの年代記の複数の版を含む多数の作品が見られるサイト
gallica.bnf.fr/
役立つリンクがいくつか見られる幅広い内容を取り扱っているサイト About.Com:Medieval History, at historymedren.about.com/

映画
Brian Helgeland, director and producer,
A Knight's Tale (2001) 『ロック・ユー！』

引用出典

注：チョーサーからの引用はすべて以下のテキストならびに翻訳に基づく。classiclit.about.com/od/chaucergeoffrey/Chaucer_Geoffrey.htm

第１章

5 *The Book of Chivalry of Geoffroi de Charny*, ed. R.W. Kaeuper and E. Kennedy, 105

第２章

15 H. Döbringer, *Fechtbuch*, trans.D.Lindholm, www.thearma.org/Manuals/dobringer.html
17 Christine de Pizan, www.gutenberg.org/files/18061/
18 *The Book of Chivalry of Geoffroi de Charny*, ed. R.W. Kaeuper and E. Kennedy, 101
20 H.Döbringer, *Fechtbuch*
21 S.Anglo, *The Martial Arts of Renaissance Europe*, 8
17 G.Diaz de Gamez, *The Unconquered Knight*, trans. J. Evans (In Parentheses Publications, Cambridge, Ontario, 2000), 17
22 *The Book of Chivalry of Geoffroi de Charny*, ed. R.W. Kaeuper and E. Kennedy, 115
24 J. Barbour, *The Bruce*, ed. A. A. M. Duncan (Canongate Press, Edinburgh, 1997), 132
29 *Chroniques de Jean Froissart*, ed. S. Luce (Soc. de l'histoire de France, Paris, 1869) i, part ii, 2

第３章

31 *Sir John Froissart's Chronicles of England, France, Spain*, ed. T. Johnes (William Smith, London, 1836), ii. 119
35 M.Mallet, *Mercenaries and their Masters: Warfare in Renaissance Italy*, 211
35 *Foedera, conventiones, litterae, et cujuscunque generis acta publica…*, ed.A. Clarke, F.Holbrooke and others (Record Commission, London, 1816–69) vii, 630
38 *The Book of Chivalry of Geoffroi de Charny*, ed. R.W. Kaeuper and E. Kennedy, 177
40 *Menestrellorum multitudo*, ed. C. Bullock-Davies, (University of Wales Press, Cardiff, 1678), xxiv
41 *The Life and Campaigns of the Black Prince*, ed. R. Barber, 118
43 Froissart *Chronicles*, ed. G. Brereton (Penguin, Harmondsworth, 1968), 72
45 *Testamenta Vetusta*, ed. N. H. Nicholas (Nichols & Son, London, 1826), 126
46 *The Life and Campaigns of the Black Prince*, ed. R. Barber, 86

第４章

51 *Filippo Villani's Chronicle*, cited in G. R. Parks, *The English Traveler to Italy* (Stanford, 1954), www.deremilitari.org/resources/sources/villani3.htm
64 *The Tree of Battles of Honoré Bouvet*, ed. G.W. Coopland, (Liverpool University Press, Liverpool, 1949) 121
65 *Middle English Verse Romances*, ed. D. B. Sands (University of Exeter Press, Exeter, 1986), 209
67 *The Book of Chivalry of Geffroi de Charny*, ed. R. W. Kaeuper and E. Kennedy, 171
71 *Sir John Froissart's Chronicles, ed.* T. Johnes, i. 497

第５章

77 MatteoVillani's *Chronicle*, cited in D'A. J.D. Boulton, *The Knights of the Crown*, 217

79 *Chronicles of the Reigns of Edward I and II*, ed. W. Stubbs (Rolls Series, London, 1882–3), i. 186, 192
81 (飾り帯の騎士団) *Cronica del Rey Don Alfonso el Onceno,* cited in D'A. J.D. Boulton, *The Knights of the Crown*, 53
81 (円卓の騎士団) *Chronique de Jean le Bel*, ed. J.Viard and E.Déprez (Renouard, Paris, 1605), ii. 26–7
86 D'A. J.D. Boulton, *The Knights of the Crown*, 218, 297
89 Christine de Pizan, www.gutenberg.org/files/18061/

第 6 章
91 'Private Indentures for Life Service in Peace and War 1278–1478', ed. M. Jones and S. Walker, *Camden Miscellany XXXII* (Royal Historical Society, London, 1994), 70
94 *Song of Caerlaverock*, www.deremilitari.org
96 'Private Indentures for Life Service', ed. M. Jones and S. Walker, 61–2
98 *Calendar of Patent Rolls, 1346* (Public Record Office, London), 126
101 J.Andoni Fernández de Larrea Rojas, *Guerra y Sociedad en Navarra durante la Edad Media* (Universidad del Pais Vasco, Bilbao, 1992), 146

第 7 章
103 *Vita Edwardi Secundi*, ed. W. Childs (Oxford University Press,Oxford, 2005), 7
106, 108 UlrichVon Liechtenstein, *Service of Ladies*; trans. J.W. Thomas, (Boydell Press,Woodbridge, 2004), 59, 64
115, 116 *The Chronicles of Enguerrand de Monstrelet*, trans. T. Johnes (William Smith, London, 1840), i. 5

第 8 章
121 'TheVows of the Heron', in *Laurence Minot Poems*, ed. T. B. James and J. Simons (Exeter Medieval English Texts and Studies, Exeter, 1989), 79
126, 127 *The Song of Caerlaverock*, at www.deremilitari.org
128 (寝床に倒れ込む) Pere III of Catalonia/Peter IV of Aragon, *Chronicle*, trans. M. Hillgarth (Pontifical Institute of Medieval Studies, Toronto, 1980), ii. 561
128 (腐った食べ物) *The Unconquered Knight*, G. Diaz de Gamez, 6
129 (食用動物) Pere III of Catalonia/Peter IV of Aragon, *Chronicle*, 263
131 (黒太子の急襲) *Life and Campaigns of the Black Prince*, ed. R. Barber, 50
132 (アラゴン王ペドロ四世) Pere III of Catalonia/Peter IV of Aragon, *Chronicle*, i. 204
133 *The Chronicle of Jean de Venette*, ed. R. Newhall, trans. J. Birdsall (Columbia University Press, New York. 1953), 95
134 *The Tree of Battles*, ed. G.W. Coopland, 153

第 9 章
108 (ブシコーの遠征) *Le Livre des Fais du Bon Messire Jehan le Maingre dit Boucicaut, Mareschal de France et Gouverneur de Jenes*, ed. D. Lalande (Libraire Droz, Geneva, 1985), 77
152 N. Houseley, *The Later Crusades*, 327

第 10 章
159 W. Caferro, *John Hawkwood: An English Mercenary in Fourteenth Century Italy*, 178
110 *The Book of Chivalry of Geoffroi de Charny*, ed. R.W. Kaeuper and E. Kennedy, 93

171 W. Caferro, *Mercenary Companies and the Decline of Siena*, 36

第 11 章

173 'The Vows of the Heron', in *Laurence Minot Poems*, ed. T. B. James and J. Simons, 79
175 *Medieval English Verse*, trans. B. Stone (Penguin, Harmondsworth, 1664), 202
179 *Froissart Chronicles*, ed. G. Brereton, 162
182 B.Muhlberger, *Jousts and Tournaments*, 25
185 (寝室での能力) 'Knights of Venus', W. M. Ormrod, *Medium Aevum* 73 (2004), 290
186 (ウィリアム・ゴールドの悲哀) *Chronicon Henrici Knighton*, ii, ed. J. R. Lumby (Rolls Series, London, 1895), 58
187 *Calendar of State Papers and Manuscripts relating to English Affairs Existing in the Archives of Venice and Other Libraries of Northern Italy*, ed. H. F. Brown and A. B. Hind, i (London, 1864), 24

第 12 章

189 *Gesta Henrici Quinti*, ed. and trans. F. Taylor and J. S. Roskell (Oxford University Press, Oxford, 1975), 39
190 *The Song of Caerlaverock*, www.deremilitari.org
196 *Liber Quotidianus Contrarotulatoris Garderobae*, ed. J. Tophamand others (Society of Antiquaries of London, London, 1987), 70
204 *Sir John Froissart's Chronicles*, ed. T. Johnes, i. 454

第 13 章

207 *The Life and Campaigns of the Black Prince*, ed. Richard Barber, 126
212 *The Life and Campaigns of the Black Prince*, ed. Richard Barber, 74–5
213 W. Caferro, *John Hawkwood*, 11
216, 217 *The Bruce*, ed. A. A. M. Duncan, 19, 302, 476
219 (アルジュバロータ) *Sir John Froissart's Chronicles*, ed. T. Johnes, ii. 121, i. 121
219 *The Bruce*, ed. A. A. M. Duncan, 486–8
224 *Gesta Henrici Quinti*, ed. F. Taylor and J. S. Roskell, 91
226 (ヤン・ドゥウゴシュ) www.deremilitari.org
227 (オードリーの武勇) *Sir John Froissart's Chronicles*, ed. T. Johnes, i. 221
227 (デインコート) *The Bruce*, ed. A. A. M. Duncan, 434.
228 (ジャイルズ・オブ・アージェンタイン) *The Bruce*, ed. A. A. M. Duncan, 494
228 (フェルトン) *The Lives and Campaigns of the Black Prince*, ed. Richard Barber, 120

第 14 章

235 *Froissart Chronicles*, ed G. Brereton, 161
246 S. Cooper, *Sir John Hawkwood: Chivalry and the Art of War*, 97
246 'Private Indentures for Life Service in Peace and War 1278–1478', ed. M. Jones and S. Walker, 107

第 15 章

253 *The Tree of Battles*, ed. G.W. Coopland, 156
256, 258 *Testamenta Vetusta*, ed. N. H. Nicolas, 134
258 P. Binski, *Medieval Death: Ritual and Representation* (British Museum Press, London, 1996), 67

図版出典

Address to Robert of Anjou, King of Naples, from the town of Prato in Tuscany より，1335-40 頃 . British Library, London 口絵 I 上
Biblioteca NazionaleMarciana,Venice. Photo Alfredo Dagli Orti/Art Archive, London 口絵 XI 上
Bibliothèque Nationale, Paris 口絵 II, VI, 220
Bibliothèque Nationale, Paris. Photo akg-images, London 87
Giovanni Boccaccio,*On FamousMen andWomen* より，15th century. Bibliothèque de l'Arsenal, Paris. Photo Art Archive, London 口絵 IX
Bodleian Library,Oxford 177
Book of the Order at Burgos より，14 世紀 .ArchivoMunicipal, Burgos, Spain 56
Photo Bridgeman Art Library, London/Neil Holmes 80
British Library, London 口絵 III 上，95, 106 左，132, 226
BritishMuseum, London 口絵 III 下，180, 口絵 XVI
Geoffrey Chaucer, *The Canterbury Tales* from the EllesmereMss., より 1400-10. Huntington Library, SanMarino, California 27
Geoffrey Chaucer, *The Canterbury Tales* より ,Westminster, ?1485. British Library, London 147
Les Chroniques de France より，14 世紀 . British Library, London 7
Les Chroniques de France or *Les Chroniques de Saint Denis* より，14 世紀 . British Library, London 9, photo Bridgeman Art Library, London 78
CodexManesse より，Zurich, *c*. 1310-40.University Library, Heidelberg 口絵 VIII 下，182, photo akg-images, London 口絵 XVI 下
College of Arms, London 44
Photo Corbis, London/Dallas and John Heaton/Free Agents Limited 52
Godefroy de Bouillon,*Crusades* より .BibliothèqueNationale, Paris. Photo Getty Images, London 6
Chanson de Geste より，14 世紀初期 . British Library, London 38
Christine de Pizan, *Livre des Faits d'Armes et de Chevalerie* より，15 世紀 . Bibliothèque Nationale, Paris 4, 74
Christine de Pizan, *CollectedWorks* より，1420. British Library, London. Photo akgimages, London 17
Decretals of Gregory IX より，14th century. British Library, London 22-23
Jean deWavrin, *Chronique d'Angleterre* より，Bruges, 15 世紀後期 . British Library, London 口絵 XI 上
Jean de Froissart, *Chroniques* より，15 世紀 . Bibliothèque Nationale, Paris 208, 210, X, XV 下
Jean de Froissart,*Chroniques* より，15th century.British Library, London 口絵 VII 上，VI 下，XI 下
Froissart T. Johnes による翻訳より，1839 114 下，149, 236, 262
Hawking, from*Traites de Fauconnerie et de Venerie*, 1459.Musée Condé, Chantilly 口絵 V
Histoire du petit Jehan de Saintre より，15 世紀 . BritishMuseum, London 104, 110
Sir Thomas Holmes's Book より，1443 頃 . British Library, London 107

Sir Thomas Holmes's Book より , 1445 頃 . British Library, London. Photo Bridgeman Art Library, London 106 右

a hunting book byGaston Phebus,Burgundy より , 1407. Bibliothèque Nationale, Paris 口絵 IV

Nick Jakins © Thames & Hudson Ltd., London 37, 47, 66, 69, 70, 71, 197, 247, 251 上

the *Journey ofMarco Polo* より , 1410-20 頃 . Bodleian Library,Oxford 193

the Luttrell Psalter より , 14 世紀 . British Library, London 口絵 I 下 , photo akgimages, London 175, photo Bridgeman Art Library, London 129

MetropolitanMuseumof Art, NewYork 54

Musée du Louvre, Paris. Photo Art Archive, London 254

Musée Goya, Castres, France 196

Museumof London 2

Palazzo Pubblico, Siena 124 上 , 164

A. Parmentier, *Album Historique* より , Paris 1895 59, 64, 75, 98, 105, 111, 113, 114 上 , 117, 119, 124 下 , 127, 154, 169, 200, 217, 229, 239, 251 下 , 257

Ralph Payne-Gallwey より , *The Crossbow*, 1903 73

PierpontMorgan Library, NewYork 61

Michael Prestwich 撮影 191

The Romance of Alexander より , 1338-44 頃 . Bodleian Library,Oxford 223

Saint Alban's *Chronicle* より , 15 世紀 . Lambeth Palace Library, London 口絵 XIV-XV

San Francesco, Bagnacavallo 21

SMPK,Geheimes Staatsarchiv, Berlin. Photo akg-images, London 238

a treatise of surgery by Roger of Salerno より , 1300 頃 . British Library, London 139

Tower of London 56

University Library,Heidelberg. Photo akg-images, London 口絵 VIII 上

Victoria & AlbertMuseum, London 256 左

Warwick Castle,Warwick 55

WestleyWaterless, Cambridgeshire/Monumental Brass Society 256 右